해법 기초계산 B3

1 4주 완성의 계획적인 수학 학습!

2 시간 내 푸는 연습을 통한 실전 감각 향상!

3 다양한 구성의 문제로 사고력 향상!

계산력이 왜 중요한가?

선생님! 계산력이 왜 중요한가요?

수학 만점으로 가는 길은 계산력에서 시작한단다. 왜 중요한지 수학의 아버지 피타고라스 선생님에게 물어볼까?

계산력은 수학의 뿌리!
계산력 없이 수학은 생각할 수 없지.
수학은 계통성의 학문이라고 해.
역연산으로 인해 덧셈이 뺄셈의 기초가 되고,
곱셈이 확립되어야
나눗셈이 가능해지기 때문이지.
따라서 수학의 근간인 기초 계산력을
완벽하게 다져 주는 것이야말로
수학 만점으로 가는 첫걸음이지.

구성과 특징

개념 만화

만화를 통한 원리 깨치기

만화를 통한 계산 원리와 개념을
이해할 수 있습니다.

1단계

집중 연습으로 계산력 다지기

집중 연습 문제로 기초 계산력을
완벽하게 다질 수 있습니다.

2단계

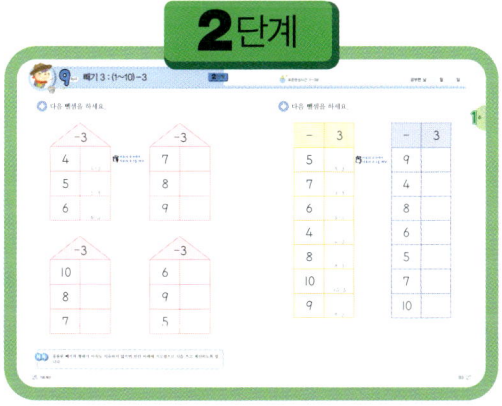

퍼즐형 문제로 정확성 기르기

흥미로운 퍼즐형 문제로 이루어져
집중력과 정확성까지 기를 수 있습니다.

3단계

다양한 문제로 사고력 키우기

다양한 문제를 통해 수학적 사고력과
문제 해결력을 높일 수 있습니다.

내용 구성표

권	주	A단계 (5~7세)	B단계 (5~7세)	C단계 (5~7세)
1권	1	일대일 대응, 많다 · 적다	더하기 3 : (1~7)+3	빼기 5 : (1~20)-5
	2	1~5 수 익히기	더하기 3 : (1~17)+3	빼기 6 : (1~20)-6
	3	1~5 수 익히기	더하기 3 : (1~27)+3	빼기 4, 5, 6의 종합
	4	0, 6~10 수 익히기	더하기 1, 2, 3의 종합	더하기 · 빼기의 종합 ①
2권	1	0, 6~10 수 익히기	빼기 1 : (1~10)-1	더하기 · 빼기의 종합 ②
	2	1~10 종합	빼기 1 : (1~20)-1	더하기 7 : (1~9)+7
	3	수 가르기와 수 모으기 (1, 2, 3, 4, 5)	빼기 2 : (1~10)-2	더하기 7 : (1~19)+7
	4	수 가르기와 수 모으기 (6, 7, 8, 9, 10)	빼기 2 : (1~20)-2	더하기 7 : (1~23)+7
3권	1	11~20 수 익히기	빼기 3 : (1~10)-3	더하기 8 : (1~9)+8
	2	11~20 수 익히기	빼기 3 : (1~20)-3	더하기 8 : (1~22)+8
	3	1~20 종합	빼기 1, 2, 3의 종합	더하기 9 : (1~9)+9
	4	21~30 수 익히기	더하기 · 빼기의 관계 ①	더하기 9 : (1~21)+9
4권	1	31~40 수 익히기	더하기 · 빼기의 관계 ②	더하기 10 : (1~20)+10
	2	41~50 수 익히기	더하기 4 : (1~6)+4	더하기 7, 8, 9, 10의 종합
	3	1~50 종합	더하기 4 : (1~16)+4	더하기 1~10의 종합
	4	51~70 수 익히기	더하기 4 : (1~26)+4	빼기 7 : (1~20)-7
5권	1	71~100 수 익히기	더하기 5 : (1~9)+5	빼기 8 : (1~20)-8
	2	1~100 종합	더하기 5 : (1~15)+5	빼기 9 : (1~20)-9
	3	더하기 1 : (1~9)+1	더하기 5 : (1~25)+5	빼기 10 : (1~20)-10
	4	더하기 1 : (1~19)+1	더하기 6 : (1~9)+6	빼기 7, 8, 9, 10의 종합
6권	1	더하기 1 : (1~29)+1	더하기 6 : (1~14)+6	빼기 1~10의 종합
	2	더하기 2 : (1~8)+2	더하기 6 : (1~24)+6	더하기 · 빼기의 종합 ③
	3	더하기 2 : (1~18)+2	더하기 4, 5, 6의 종합	더하기 · 빼기의 종합 ④
	4	더하기 2 : (1~28)+2	빼기 4 : (1~20)-4	재미있는 더하기 · 빼기의 규칙

권	주	D단계 (초1)	E단계 (초2)	F단계 (초3)	G단계 (초4)
1권	1	더하기 1, 2, 3	받아올림이 있는 (두 자리 수)+(한 자리 수)	(세 자리 수)1(세 자리 수) ①	100, 1000, 10000, 몇백, 몇천 쉽하기
	2	합이 5까시인 덧셈	받아내림이 있는 (두 자리 수)−(한 자리 수)	(세 자리 수)+(세 자리 수) ②	(세 자리 수)×(두 자리 수)
	3	합이 9까지인 덧셈	세 수의 덧셈	(세 자리 수)−(세 자리 수) ①	(네 자리 수)×(두 자리 수)
	4	받아올림이 없는 (한 자리 수)+(한 자리 수)	세 수의 뺄셈	(세 자리 수)−(세 자리 수) ②	(세 자리 수)×(세 자리 수)
2권	1	빼기 1, 2, 3	일의 자리에서 받아올림이 있는 (두 자리 수)+(두 자리 수)	2, 3, 4, 5의 단 곱셈구구를 이용한 나눗셈	(세 자리 수)÷(한 자리 수)
	2	5까지의 뺄셈	십의 자리에서 받아올림이 있는 (두 자리 수)+(두 자리 수)	6, 7, 8, 9의 단 곱셈구구를 이용한 나눗셈	(두·세 자리 수)÷(몇십)
	3	9까지의 뺄셈	일, 십의 자리에서 받아올림이 있는 (두 자리 수)+(두 자리 수)	곱셈구구를 이용한 나눗셈 ①	(두·세 자리 수)÷(두 자리 수)
	4	(한 자리 수)−(한 자리 수)	받아올림이 있는 (두 자리 수)+(두 자리 수)	곱셈구구를 이용한 나눗셈 ②	(세·네 자리 수)÷(두 자리 수)
3권	1	10이 되는 더하기	받아내림이 있는 (두 자리 수)−(두 자리 수) ①	(두 자리 수)×(한 자리 수) ①	덧셈과 뺄셈의 혼합 계산
	2	10에서 빼기	받아내림이 있는 (두 자리 수)−(두 자리 수) ②	(두 자리 수)×(한 자리 수) ②	곱셈과 나눗셈의 혼합 계산
	3	세 수의 계산 ①	세 수의 계산 ①	(두 자리 수)×(한 자리 수) ③	혼합 계산 1
	4	세 수의 계산 ②	세 수의 계산 ②	(두 자리 수)×(한 자리 수) ④	혼합 계산 2
4권	1	받아올림이 없는 (두 자리 수)+(한 자리 수)	2, 3, 4, 5의 단 곱셈구구	(네 자리 수)+(세 자리 수)	분수의 이해 1
	2	받아올림이 없는 (두 자리 수)+(두 자리 수)	6, 7, 8, 9의 단 곱셈구구	(네 자리 수)+(네 자리 수)	분수의 이해 2
	3	받아내림이 없는 (두 자리 수)−(한 자리 수)	곱셈구구 ①	(네 자리 수)−(세 자리 수)	분수의 이해 3
	4	받아내림이 없는 (두 자리 수)−(두 자리 수)	곱셈구구 ②	(네 자리 수)−(네 자리 수)	분수의 덧셈
5권	1	두 수의 합이 10이 되는 세 수의 덧셈	받아올림이 없는 (세 자리 수)+(세 자리 수)	(세 자리 수)×(한 자리 수)	분수의 덧셈
	2	(힌 자리 수)+(한 지리 수) ①	일의 자리에서 받아올림이 있는 (세 자리 수)+(세 자리 수)	(한 자리 수)×(두 자리 수)	분수의 뺄셈 1
	3	(한 자리 수)+(한 자리 수) ②	십의 자리에서 받아올림이 있는 (세 자리 수)+(세 자리 수)	(두 자리 수)×(두 자리 수) ①	분수의 뺄셈 2
	4	(한 자리 수)+(한 자리 수)의 종합	일, 십의 자리에서 받아올림이 있는 (세 자리 수)+(세 자리 수)	(두 자리 수)×(두 자리 수) ②	세 분수의 덧셈과 뺄셈
6권	1	(십 몇)−(한 자리 수) ①	받아내림이 없는 (세 자리 수)−(세 자리 수)	(두 자리 수)÷(한 자리 수) ①	소수 한 자리 수의 덧셈
	2	(십 몇)−(한 자리 수) ②	십의 자리에서 받아내림이 있는 (세 자리 수)−(세 자리 수)	(두 자리 수)÷(한 자리 수) ②	소수 두·세 자리 수의 덧셈
	3	세 수의 덧셈	백의 자리에서 받아내림이 있는 (세 자리 수)−(세 자리 수)	(두 자리 수)÷(한 자리 수) ③	소수 한 자리 수의 뺄셈
	4	세 수의 뺄셈	십, 백의 자리에서 받아내림이 있는 (세 자리 수)−(세 자리 수)	(두 자리 수)÷(한 자리 수) ④	소수 두·세 자리 수의 뺄셈

Q&A 활용 가이드

Q

아이 수준을 몰라서
어느 단계의 교재를
선택하면 될지 모르겠어요.

A

한 페이지에서
틀린 문제가 6문제 이상이면
이전 단계의
교재부터 시작하세요.

계산 실수를 자주 해요.

정해진 시간 안에 푸는
연습으로 실전 감각을
키우세요.

시험 시간이 부족해요.

매일매일 공부하는
습관으로
정확성을 키우세요.

공부 계획을
스스로 세우기 힘들어요.

스케줄표를 이용해
계획을 세워
2주, 4주 완성에 도전하세요.

4주 완성 스케줄표

활용 방법 매일 2장(2차시)씩 풀면 24일 만에 완성할 수 있습니다.

1주	1일	2일	3일	4일	5일	6일
확인	12~15쪽	16~19쪽	20~23쪽	24~27쪽	28~31쪽	32~35쪽

2주	7일	8일	9일	10일	11일	12일
확인	40~43쪽	44~47쪽	48~51쪽	52~55쪽	56~59쪽	60~63쪽

3주	13일	14일	15일	16일	17일	18일
확인	68~71쪽	72~75쪽	76~79쪽	80~83쪽	84~87쪽	88~91쪽

4주	19일	20일	21일	22일	23일	24일
확인	96~99쪽	100~103쪽	104~107쪽	108~111쪽	112~115쪽	116~119쪽

※ 매일 4장(4차시)씩 풀면 12일 만에 완성할 수 있습니다.

 **1주** 빼기 3 : (1~10)－3

학습 체크표 매일 학습이 끝나면 채점을 하고 체크표를 작성하여 나의 실력을 알아보세요.

차시	단계	공부한 날	잘 했나요?			
1차시		월 일	☺	☺	😐	😣
2차시		월 일	☺	☺	😐	😣
3차시		월 일	☺	☺	😐	😣
4차시		월 일	☺	☺	😐	😣
5차시	1단계	월 일	☺	☺	😐	😣
6차시		월 일	☺	☺	😐	😣
7차시		월 일	☺	☺	😐	😣
8차시		월 일	☺	☺	😐	😣
9차시	2단계	월 일	☺	☺	😐	😣
10차시		월 일	☺	☺	😐	😣
11차시	3단계	월 일	☺	☺	😐	😣
12차시		월 일	☺	☺	😐	😣

틀린 개수가

0~1개이면 ☺(아주 잘함)에, 2~3개이면 ☺(잘함)에,

4~5개이면 😐(보통)에, 6개 이상이면 😣(노력 바람)에 색칠해 주세요.

학습목표 어떤 수의 3 작은 수인 빼기 3의 개념과 계산 원리를 익혀 능숙하게 계산할 수 있습니다.

1주

와~ 과자가 8개나 있네.

남남

3개 먹으면 8-3=5니까 5개 남았다.

8 - 3 = 5

3개 정도야 먹은 줄 모르겠지?

1주

1차시 빼기 3 : (1〜10)−3

✚ ☐ 안에 3 작은 수를 쓰세요.

(1)
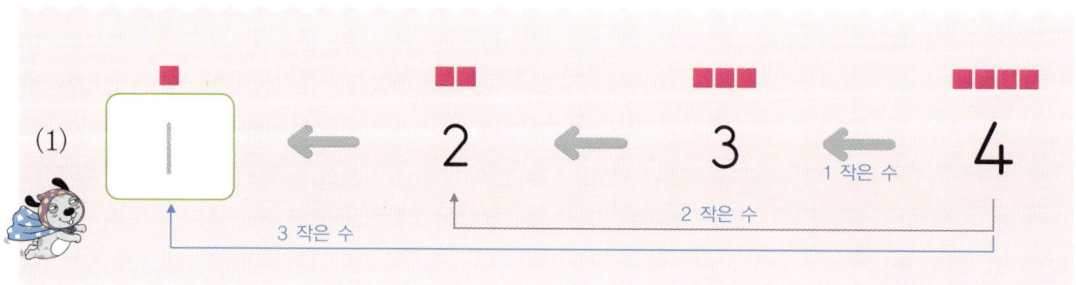

(2)
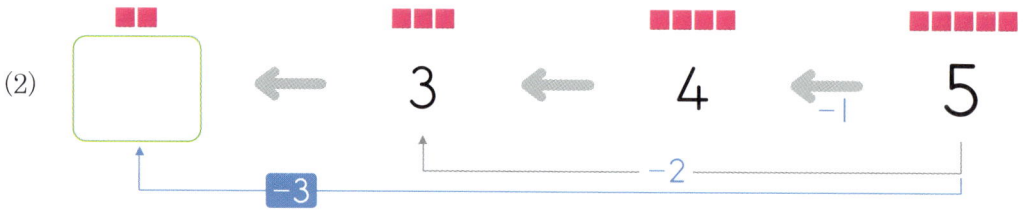

(3)
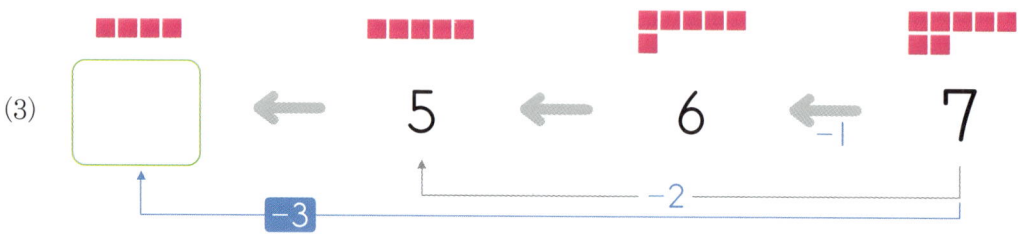

(4)
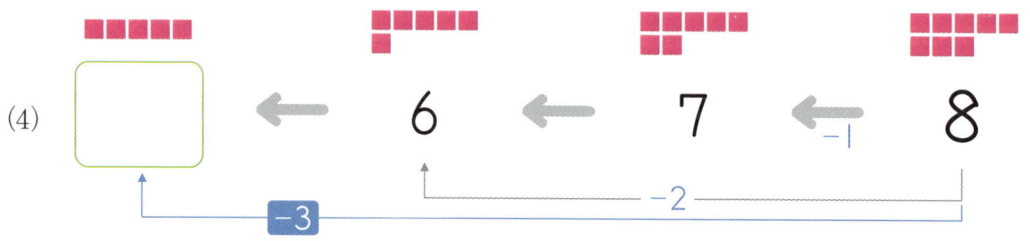

12 기초계산

✿ ☐ 안에 3 작은 수를 쓰세요.

1 주

(5)
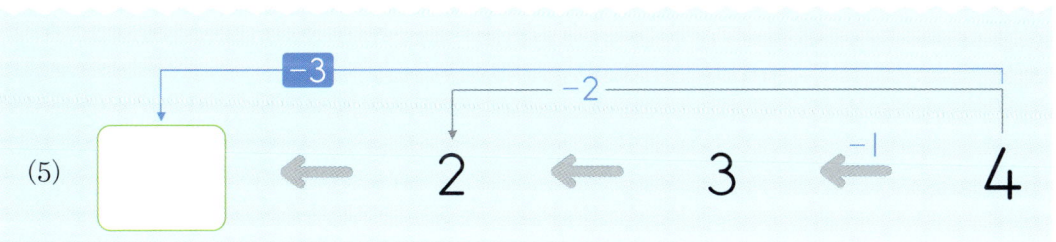

(6)
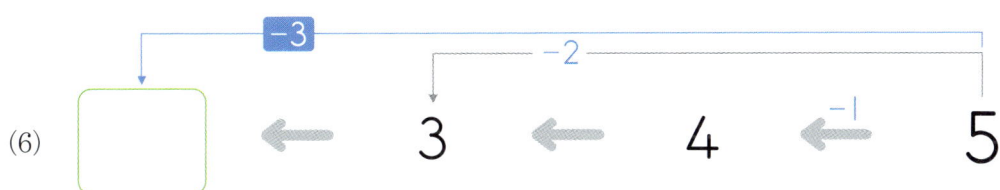

(7)
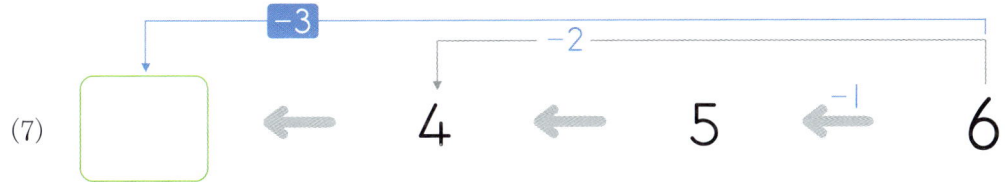

(8)
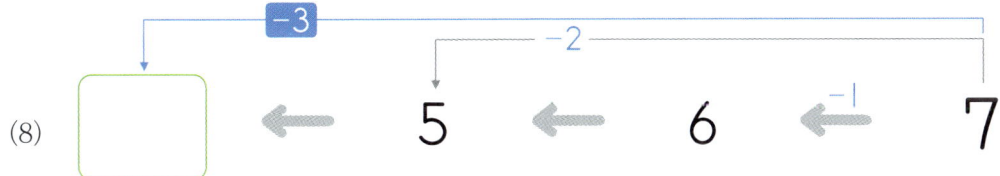

(9)
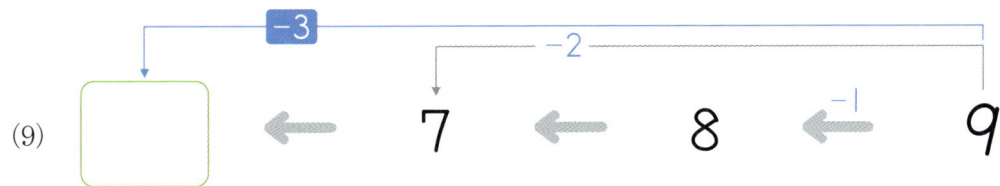

○ ☐ 안에 3 작은 수를 쓰고, 뺄셈을 하세요.

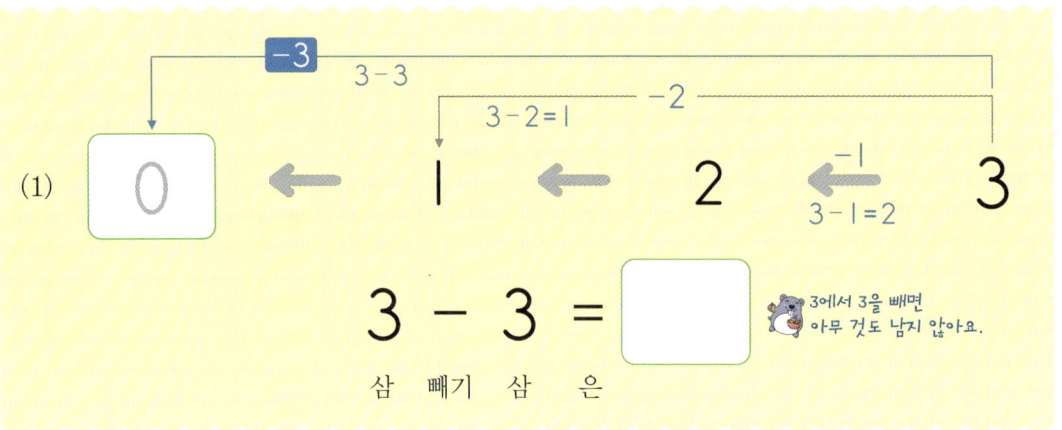

(1)

$$3 - 3 = \boxed{}$$

삼 빼기 삼 은

3에서 3을 빼면 아무 것도 남지 않아요.

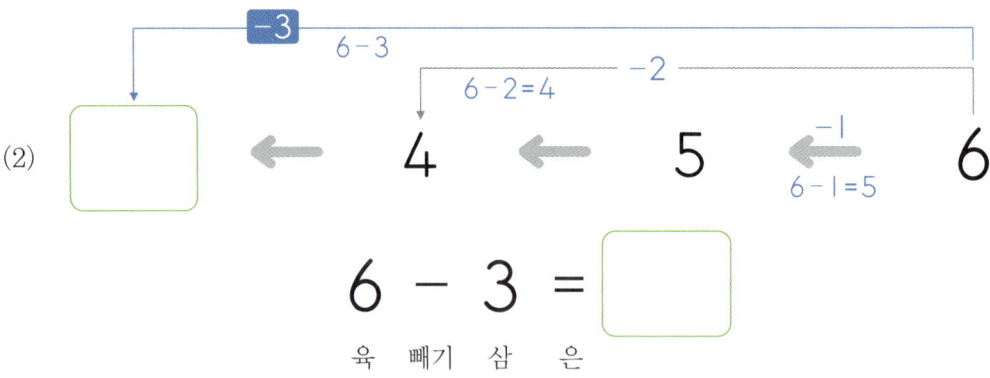

(2)

$$6 - 3 = \boxed{}$$

육 빼기 삼 은

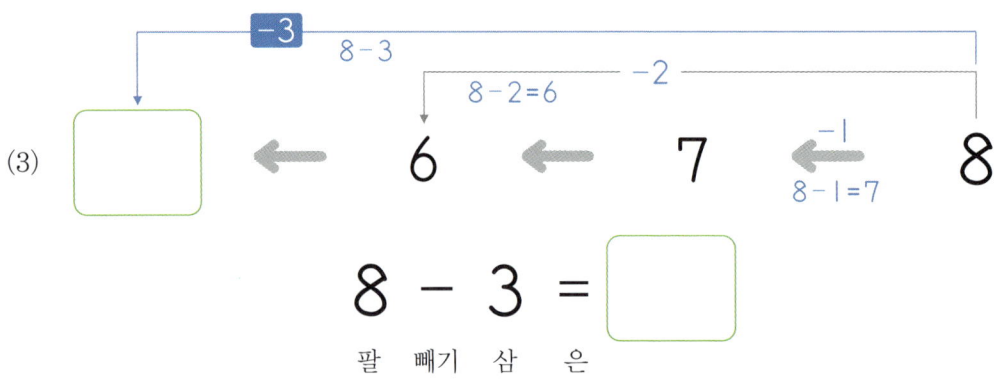

(3)

$$8 - 3 = \boxed{}$$

팔 빼기 삼 은

 수의 차례에서 3 작은 수는 빼기 3과 같습니다. 빼기 3이 익숙하지 않으므로 먼저 3 작은 수를 말해 보고, 빼기 3을 해 봅니다.

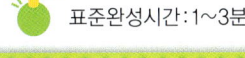

□ 안에 3 작은 수를 쓰고, 뺄셈을 하세요.

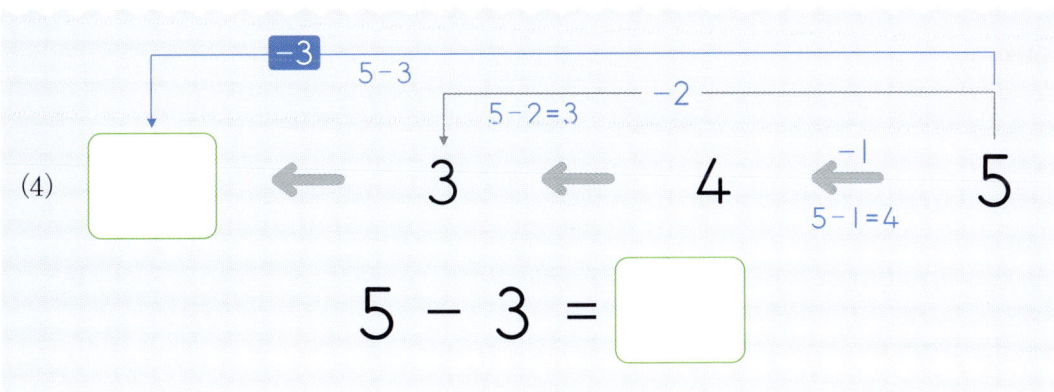

(4)

$$5 - 3 = \boxed{}$$

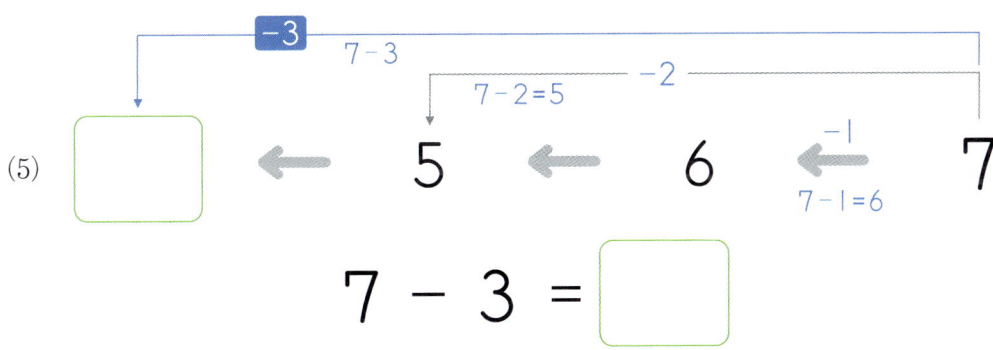

(5)

$$7 - 3 = \boxed{}$$

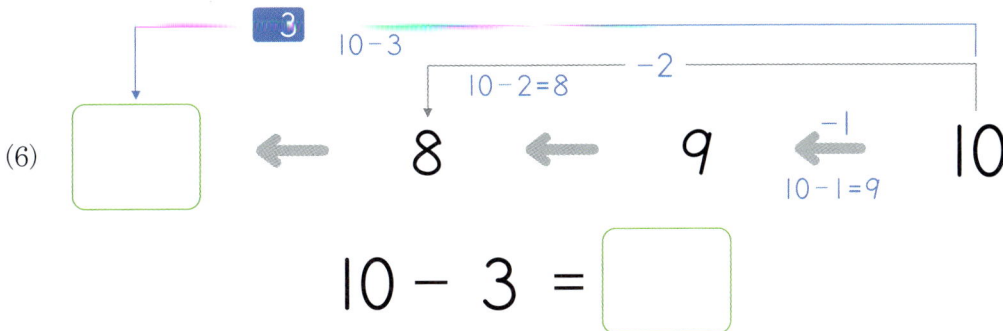

(6)

$$10 - 3 = \boxed{}$$

3 차시 빼기 3 : (1~10)−3

1단계

➕ 수를 갈라 ☐ 안에 알맞은 수를 쓰고, 뺄셈을 하세요.

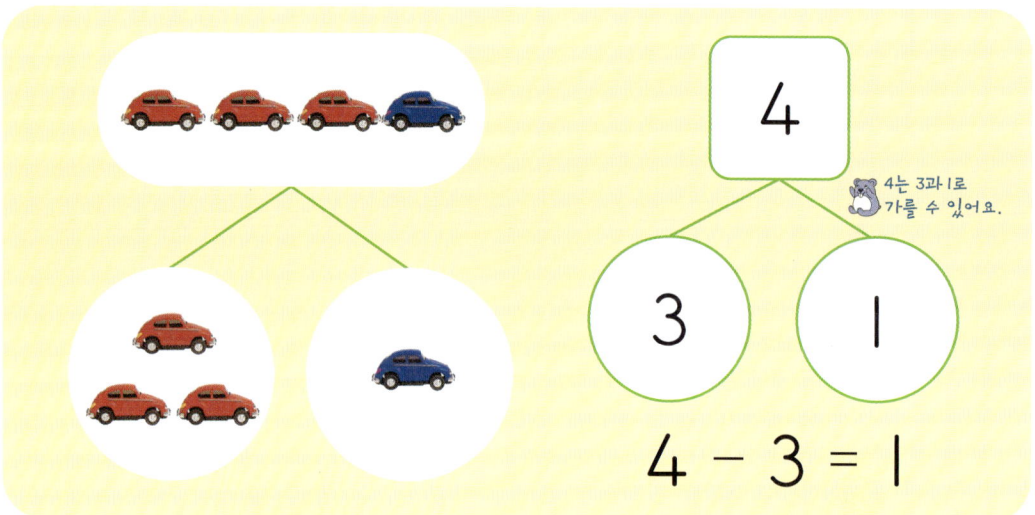

4는 3과 1로 가를 수 있어요.

$$4 - 3 = 1$$

(1)

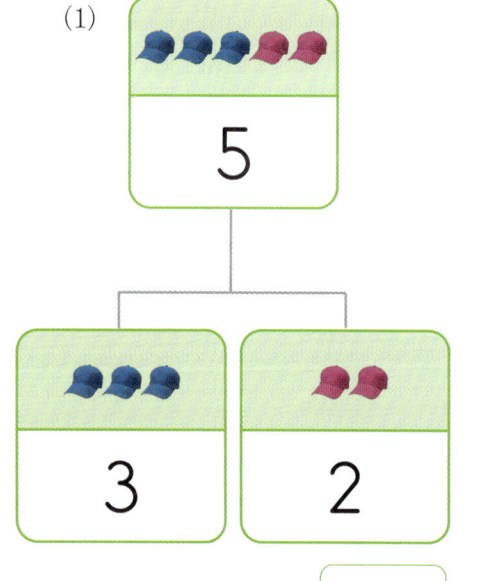

5

3 2

$$5 - 3 = \boxed{}$$

(2)

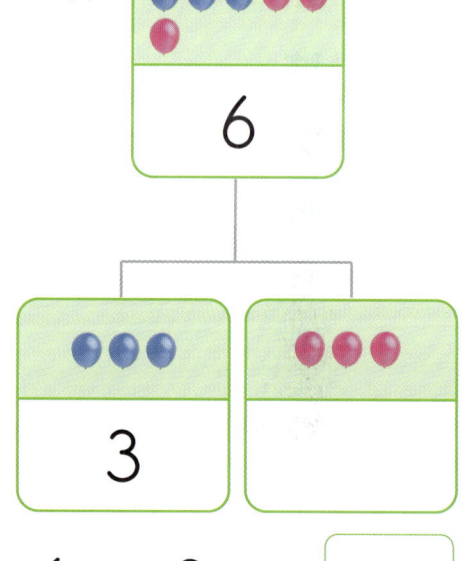

6

3 3

$$6 - 3 = \boxed{}$$

 꼭꼭 수를 3과 어떤 수로 갈라 보면서 빼기 3을 함께 익힙니다. 아이가 어려워하면 구체물을 이용하여 수 가르기를 해 봅니다.

🍏 수를 갈라 ☐ 안에 알맞은 수를 쓰고, 뺄셈을 하세요.

1주

(3)
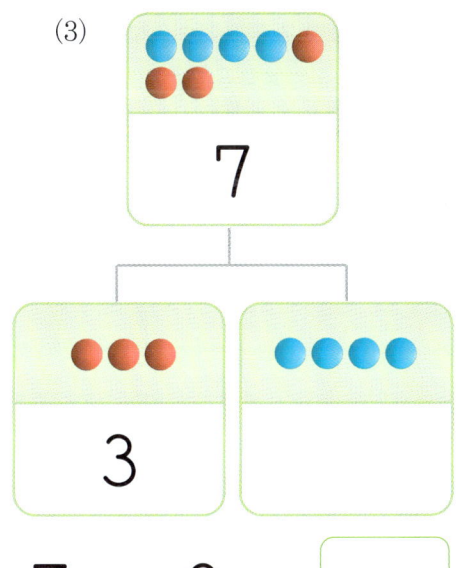

7 – 3 = ☐

(4)
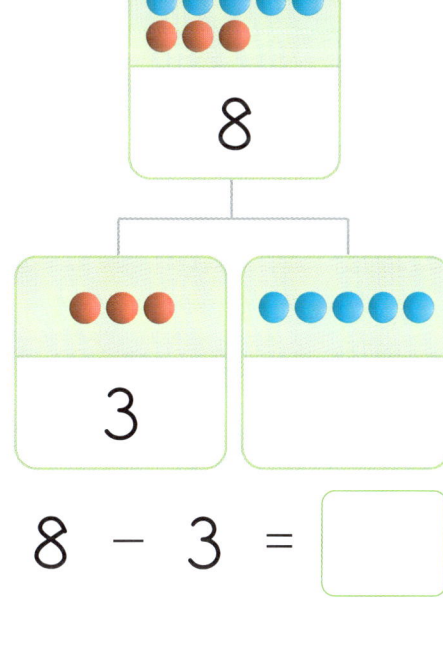

8 – 3 = ☐

(5)
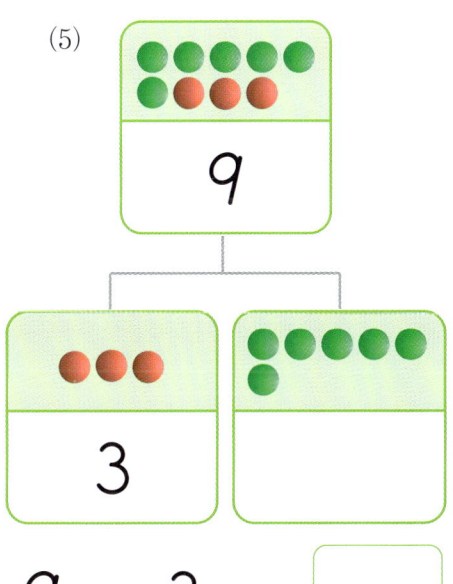

9 – 3 = ☐

(6)
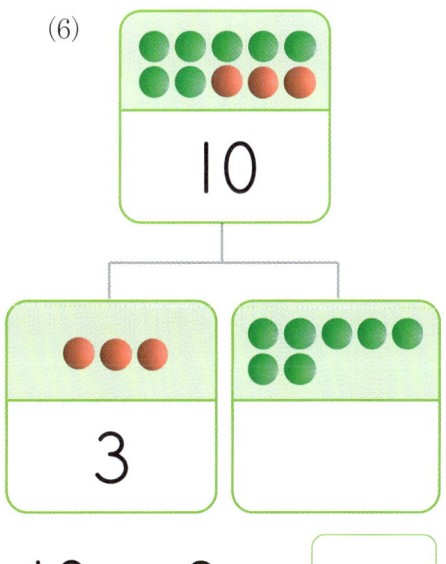

10 – 3 = ☐

✿ 점선 따라 짝지어 보고, 뺄셈을 하세요.

(1)
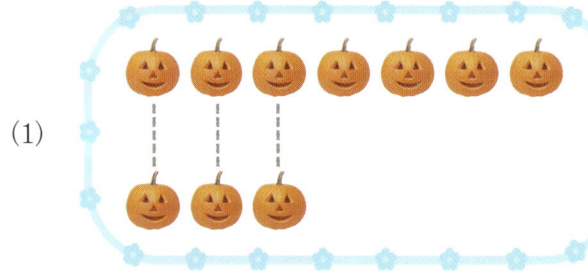

$7 - 3 =$ ☐

짝짓고 남는 수를 세어 봐.

(2)

$6 - 3 =$ ☐

(3)
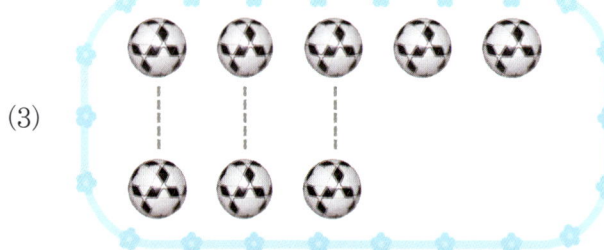

$5 - 3 =$ ☐

(4)
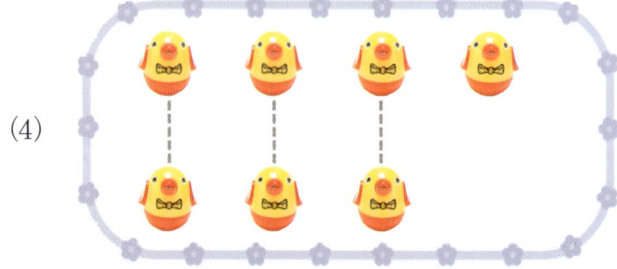

$4 - 3 =$ ☐

✿ 다음 뺄셈을 하세요.

(5)

$$10 - 3 = \boxed{}$$

(6)

$$9 - 3 = \boxed{}$$

(7)

$$8 - 3 = \boxed{}$$

(8)

$$7 - 3 = \boxed{}$$

(9)

$$6 - 3 = \boxed{}$$

(10)

$$5 - 3 = \boxed{}$$

(11)

$$4 - 3 = \boxed{}$$

(12)

$$3 - 3 = \boxed{}$$

➕ 다음 뺄셈을 하세요.

(1) $4 - 3 =$ ⬜

사 빼기 삼 은

(2) $5 - 3 =$ ⬜

오 빼기 삼 은

(3) $6 - 3 =$ ⬜

육 빼기 삼 은

(4) $7 - 3 =$ ⬜

칠 빼기 삼 은

(5) $8 - 3 =$ ⬜

팔 빼기 삼 은

(6) $9 - 3 =$ ⬜

구 빼기 삼 은

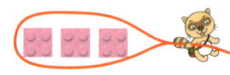

(7) $10 - 3 =$ ⬜

십 빼기 삼 은

(8) $3 - 3 =$ ⬜

삼 빼기 삼 은

 꼭꼭 빼기 3을 하여 빈칸에 답을 써넣고, 바르게 읽어 보게 합니다. '4−3=1'은 '사 빼기 삼은
일'이라고 읽게 합니다.

 다음 뺄셈을 하세요.

1주

(9) 5 − 3 = ☐   (10) 6 − 3 = ☐

(11) 8 − 3 = ☐   (12) 4 − 3 = ☐

(13) 7 − 3 = ☐   (14) 9 − 3 = ☐

(15) 6 − 3 = ☐   (16) 5 − 3 = ☐

(17) 4 − 3 = ☐   (18) 10 − 3 = ☐

(19) 8 − 3 = ☐   (20) 7 − 3 = ☐

(21) 5 − 3 = ☐   (22) 3 − 3 = ☐

(23) 9 − 3 = ☐   (24) 10 − 3 = ☐

6 차시   빼기 3 : (1~10) − 3   **1** 단계

✚ 다음 뺄셈을 하세요.

(1)   6 − 3 = ☐   (2)   9 − 3 = ☐

(3)   10 − 3 = ☐   (4)   7 − 3 = ☐

(5)   6 − 3 = ☐   (6)   5 − 3 = ☐

(7)   4 − 3 = ☐   (8)   9 − 3 = ☐

(9)   7 − 3 = ☐   (10)   8 − 3 = ☐

(11)   5 − 3 = ☐   (12)   6 − 3 = ☐

(13)   3 − 3 = ☐   (14)   4 − 3 = ☐

(15)   8 − 3 = ☐   (16)   10 − 3 = ☐

1 주

 다음 뺄셈을 하세요.

(17) $6 - 3 =$ ☐   (18) $5 - 3 =$ ☐

(19) $7 - 3 =$ ☐   (20) $3 - 3 =$ ☐

(21) $4 - 3 =$ ☐   (22) $9 - 3 =$ ☐

(23) $8 - 3 =$ ☐   (24) $6 - 3 =$ ☐

(25) $10 - 3 =$ ☐   (26) $7 - 3 =$ ☐

(27) $5 - 3 =$ ☐   (28) $4 - 3 =$ ☐

(29) $6 - 3 =$ ☐   (30) $8 - 3 =$ ☐

(31) $9 - 3 =$ ☐   (32) $10 - 3 =$ ☐

➕ 다음 뺄셈을 하세요.

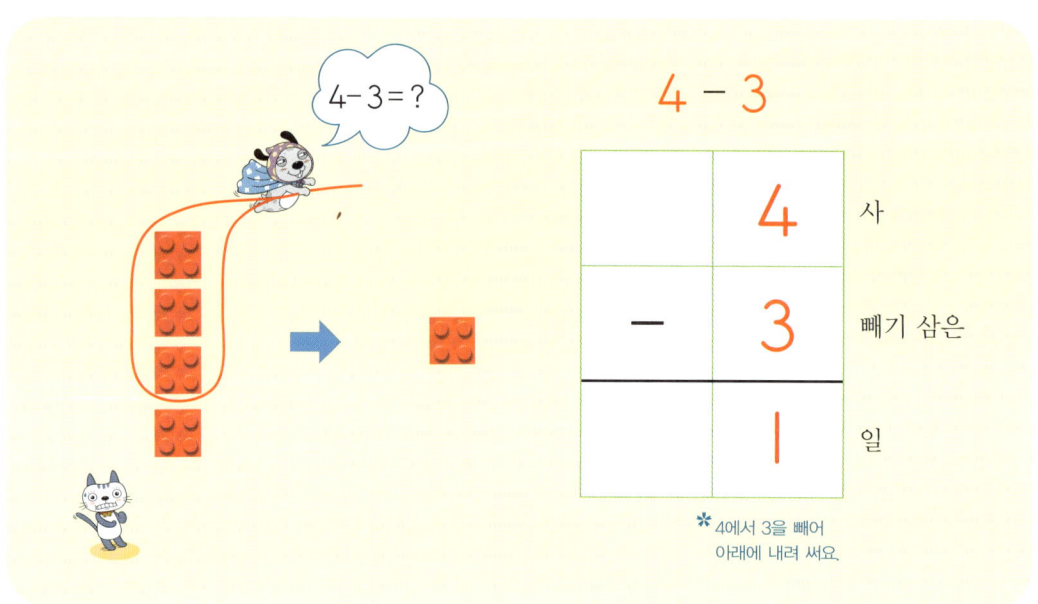

4−3=?

4 − 3

	4	사
−	3	빼기 삼은
	1	일

✽ 4에서 3을 빼어
아래에 내려 써요.

(1) 5 − 3

	5
−	3

(2) 6 − 3

	6
−	3

(3) 7 − 3

	7
−	3

 꼭꼭 가로셈을 보면서 세로셈으로 바꾸어 계산해 봅니다. 그림처럼 블록을 세로로 세워 놓고 연습한 후, 세로셈으로 풀게 합니다.

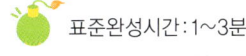
다음 뺄셈을 하세요.

1주

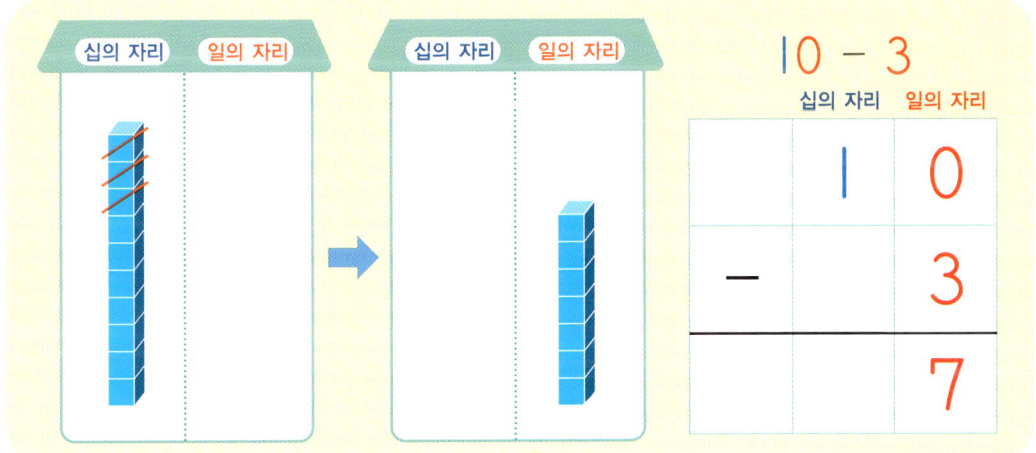

$10 - 3$

십의 자리	일의 자리
	1	0
−		3
		7

(4)　$8 - 3$

	8
−	3

(5)　$5 - 3$

	5
−	3

(6)　$7 - 3$

	7
−	3

(7)　$9 - 3$

	9
−	3

(8)　$6 - 3$

	6
−	3

(9)　$4 - 3$

	4
−	3

 다음 뺄셈을 하세요.

(1)

	7
−	3

(2)

	5
−	3

(3)

	4
−	3

(4)

	8
−	3

(5)

	6
−	3

(6)

	9
−	3

(7)

	3
−	3

(8)

1	0
−	3

(9)

	8
−	3

다음 뺄셈을 하세요.

1주

(10)
$$\begin{array}{r} 4 \\ -\ 3 \\ \hline \end{array}$$

(11)
$$\begin{array}{r} 5 \\ -\ 3 \\ \hline \end{array}$$

(12)
$$\begin{array}{r} 7 \\ -\ 3 \\ \hline \end{array}$$

(13)
$$\begin{array}{r} 6 \\ -\ 3 \\ \hline \end{array}$$

(14)
$$\begin{array}{r} 8 \\ -\ 3 \\ \hline \end{array}$$

(15)
$$\begin{array}{r} 9 \\ -\ 3 \\ \hline \end{array}$$

(16)
$$\begin{array}{r} 3 \\ -\ 3 \\ \hline \end{array}$$

(17)
$$\begin{array}{r} 7 \\ -\ 3 \\ \hline \end{array}$$

(18)
$$\begin{array}{r} 4 \\ -\ 3 \\ \hline \end{array}$$

(19)
$$\begin{array}{r} 6 \\ -\ 3 \\ \hline \end{array}$$

(20)
$$\begin{array}{r} 9 \\ -\ 3 \\ \hline \end{array}$$

(21)
$$\begin{array}{r} 1\ 0 \\ -\ \ \ 3 \\ \hline \end{array}$$

9차시 빼기 3 : (1~10) − 3

2단계

 다음 뺄셈을 하세요.

세로의 수 4에서
가로의 수 3을 빼요.

−3	
4	4 − 3
5	5 − 3
6	6 − 3

−3	
7	
8	
9	

−3	
10	
8	
7	

−3	
6	
9	
5	

 응용된 빼기의 형태가 아직도 익숙하지 않으면 빈칸 아래에 가로셈으로 식을 쓰고 계산하도록 합니다.

다음 뺄셈을 하세요.

1주

−	3
5	5 − 3
7	7 − 3
6	6 − 3
4	4 − 3
8	8 − 3
10	10 − 3
9	9 − 3

세로의 수 5에서
가로의 수 3을 빼요.

−	3
9	
4	
8	
6	
5	
7	
10	

➕ 다음 뺄셈을 하세요.

−	10	9	8	7
3	10−3	9−3	8−3	7−3

가로의 수 10에서
세로의 수 3을 빼요.

−	6	5	4	3
3				

−	4	7	5	8
3				

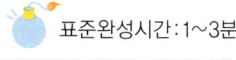
➕ 다음 뺄셈을 하세요.

−	6	4	7	5	8	9
3	6 − 3	4 − 3	7 − 3	5 − 3	8 − 3	9 − 3

가로의 수 6에서
세로의 수 3을 빼요.

−	9	6	4	5	7	8
3						

−	8	6	7	4	10	9
3						

◆ 그림에 알맞은 뺄셈식을 찾아 ◯표 하세요.

$5 - 3 = 2$　　　$7 - 3 = 4$　　　$8 - 3 = 5$

$4 - 3 = 1$　　　$6 - 3 = 3$　　　$9 - 3 = 6$

 꼭꼭　동물들이 모여 있다가 몇 마리가 가버리는 그림은 빼기의 상황이므로 몇 마리에서 몇 마리가 갔는
지 수를 세어 알맞은 뺄셈식을 찾게 합니다.

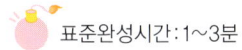
✚ 그림에 알맞은 뺄셈식을 찾아 색칠하세요.

1주

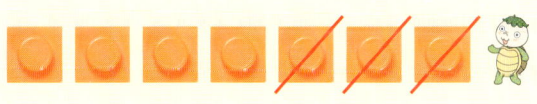

$5 - 3 = 2$　　$7 - 3 = 4$　　$6 - 3 = 3$

$7 - 3 = 4$　　$4 - 3 = 1$　　$8 - 3 = 5$

$6 - 3 = 3$　　$10 - 3 = 7$　　$9 - 3 = 6$

➕ 식이 완성되도록 ╱으로 지우고, ☐ 안에 알맞은 수를 쓰세요.

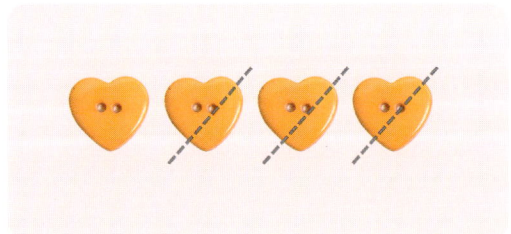

$$4 - \boxed{3} = 1$$

1개만 남기면 되니까
3개를 지우면 되겠지.

$$5 - \boxed{} = 2$$

$$7 - \boxed{} = 4$$

$$10 - \boxed{} = 7$$

꼭꼭 빼어지는 수에서 뺄셈식의 답의 수만큼만 남기고 지우면 빼는 수가 되므로 뺄셈의 관계를 이해하면서 어떤 수 ☐를 구합니다.

♣ 뺄셈을 하고, 계산 결과가 더 큰 뺄셈식에 ◯표 하세요.

배는 수가 같으면 빼어지는 수의
크기를 비교해 봐.

1주

$6 - 3 = \boxed{}$ $5 - 3 = \boxed{}$

✽ (빼어지는 수) − (빼는 수)

$4 - 3 = \boxed{}$ $7 - 3 = \boxed{}$

$8 - 3 = \boxed{}$ $6 - 3 = \boxed{}$

$10 - 3 = \boxed{}$ $9 - 3 = \boxed{}$

2주 빼기 3 : (1~20) - 3

학습 체크표 매일 학습이 끝나면 채점을 하고 체크표를 작성하여 나의 실력을 알아보세요.

차시	단계	공부한 날	잘 했나요?
13차시		월 일	😊 🙂 😑 😣
14차시		월 일	😊 🙂 😑 😣
15차시		월 일	😊 🙂 😑 😣
16차시	1단계	월 일	😊 🙂 😑 😣
17차시		월 일	😊 🙂 😑 😣
18차시		월 일	😊 🙂 😑 😣
19차시		월 일	😊 🙂 😑 😣
20차시		월 일	😊 🙂 😑 😣
21차시	2단계	월 일	😊 🙂 😑 😣
22차시		월 일	😊 🙂 😑 😣
23차시	3단계	월 일	😊 🙂 😑 😣
24차시		월 일	😊 🙂 😑 😣

틀린 개수가

0~1개이면 😊(아주 잘함)에, 2~3개이면 🙂(잘함)에,

4~5개이면 😑(보통)에, 6개 이상이면 😣(노력 바람)에 색칠해 주세요.

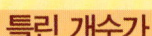

학습목표 빼기 3의 여러 가지 뺄셈의 방법을 익히고 1부터 20까지의 수에서 빼기 3을 능숙하게 계산할 수 있습니다.

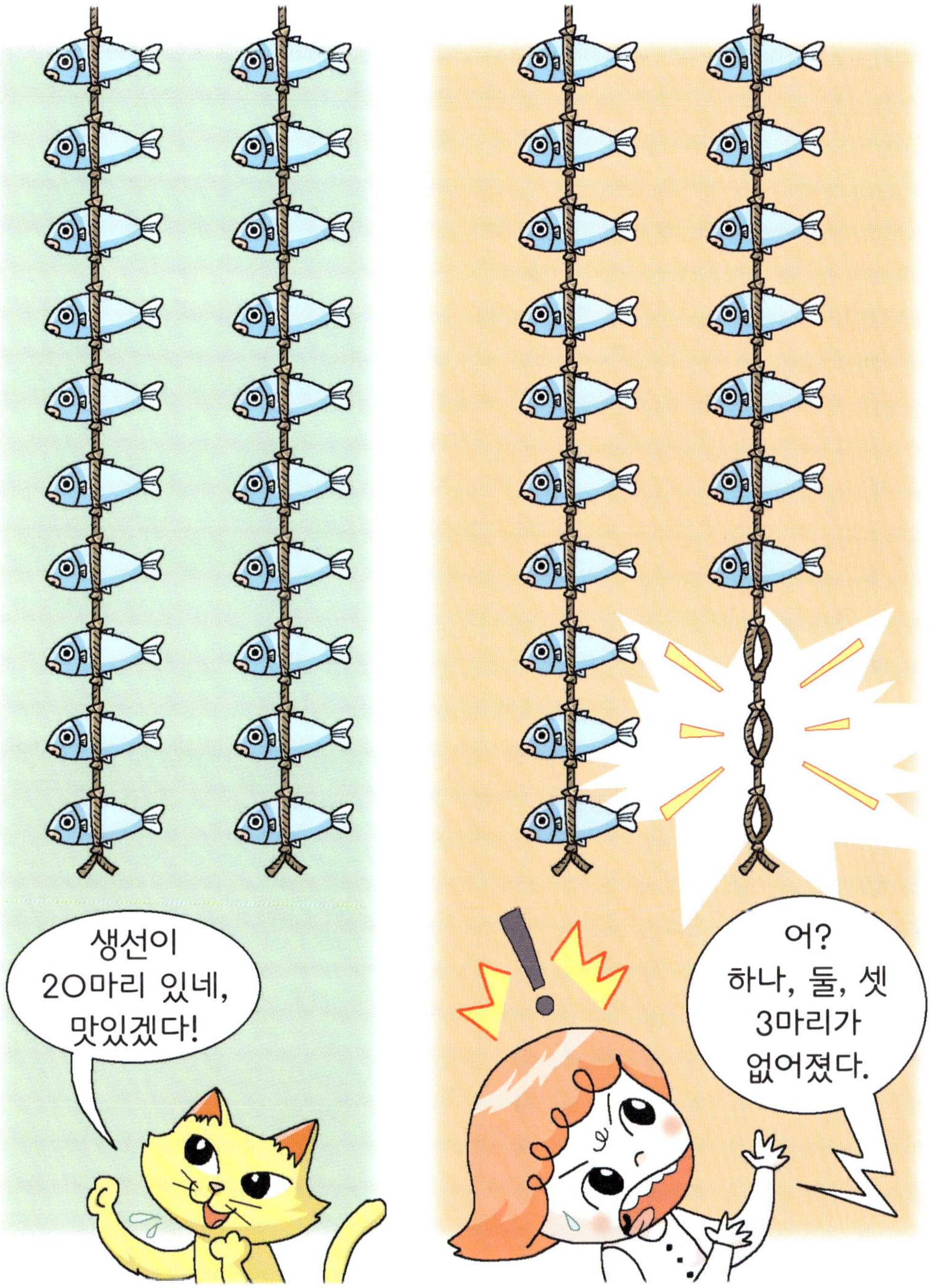

2주

생선이
20마리 있네,
맛있겠다!

어?
하나, 둘, 셋
3마리가
없어졌다.

➕ ☐ 안에 3 작은 수를 쓰고, 뺄셈을 하세요.

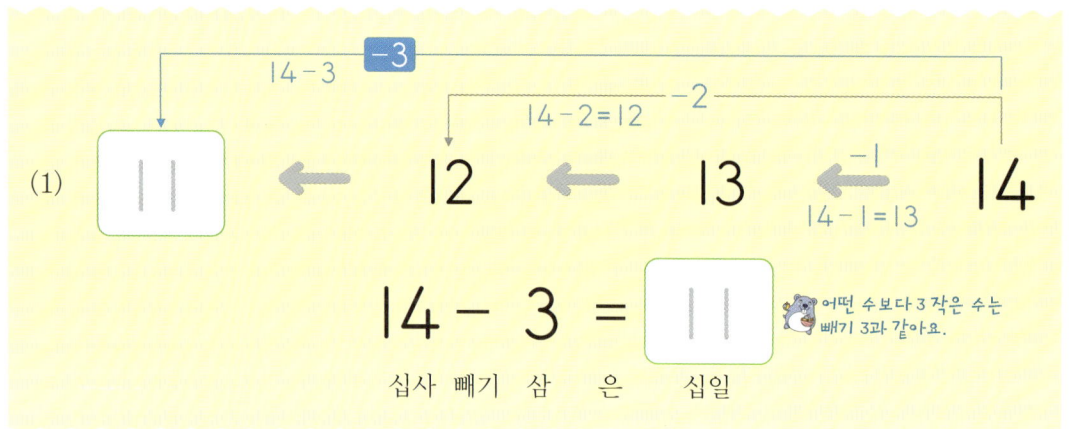

(1)

$14 - 3$ **−3**

$14 - 2 = 12$ **−2**

11 ← 12 ← 13 ← 14

−1 $14 - 1 = 13$

$14 - 3 = 11$

십사 빼기 삼 은 십일

어떤 수보다 3 작은 수는 빼기 3과 같아요.

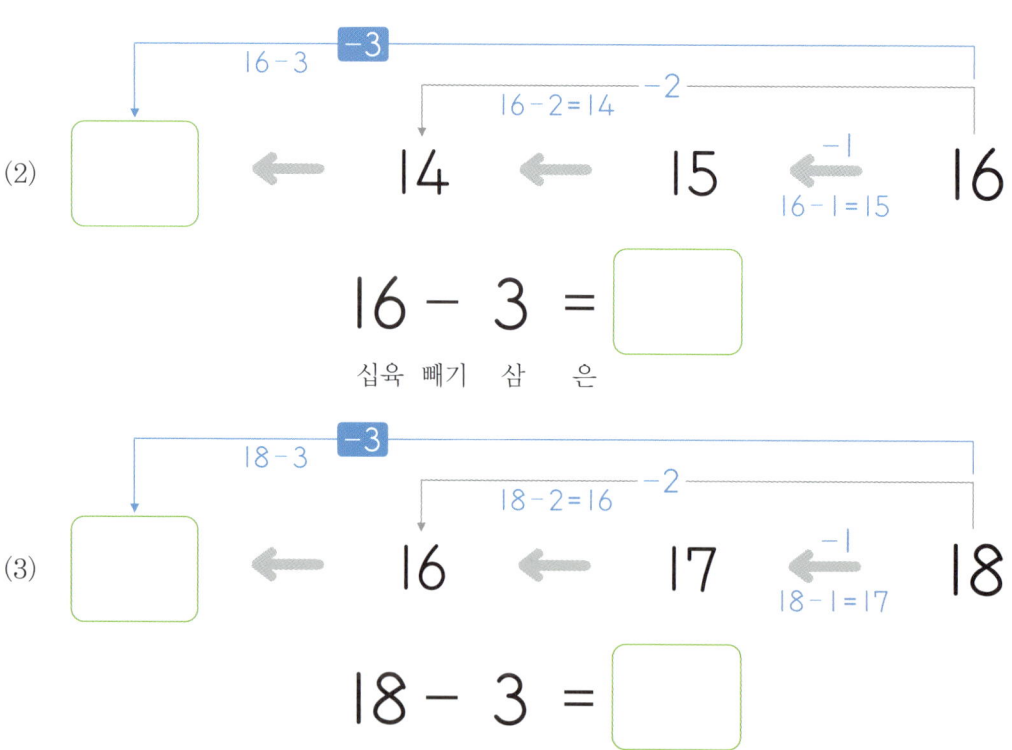

(2)

$16 - 3$ **−3**

$16 - 2 = 14$ **−2**

☐ ← 14 ← 15 ← 16

−1 $16 - 1 = 15$

$16 - 3 = $ ☐

십육 빼기 삼 은

(3)

$18 - 3$ **−3**

$18 - 2 = 16$ **−2**

☐ ← 16 ← 17 ← 18

−1 $18 - 1 = 17$

$18 - 3 = $ ☐

십팔 빼기 삼 은

🟢 **꼭꼭**   빼어지는 수가 커지면 뺄셈을 어렵게 생각할 수 있으므로 수의 차례에서 3 작은 수를 먼저 알아보고, 빼기 3을 하도록 합니다.

✿ ☐ 안에 3 작은 수를 쓰고, 뺄셈을 하세요.

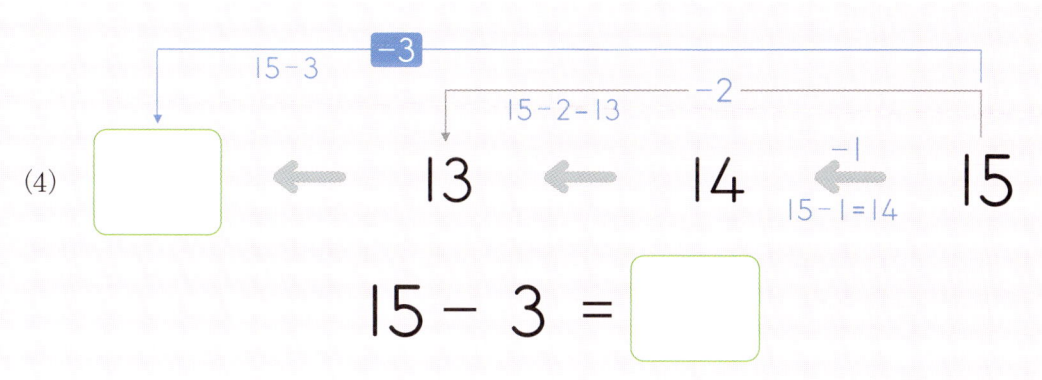

(4)

$$15 - 3 = \boxed{}$$

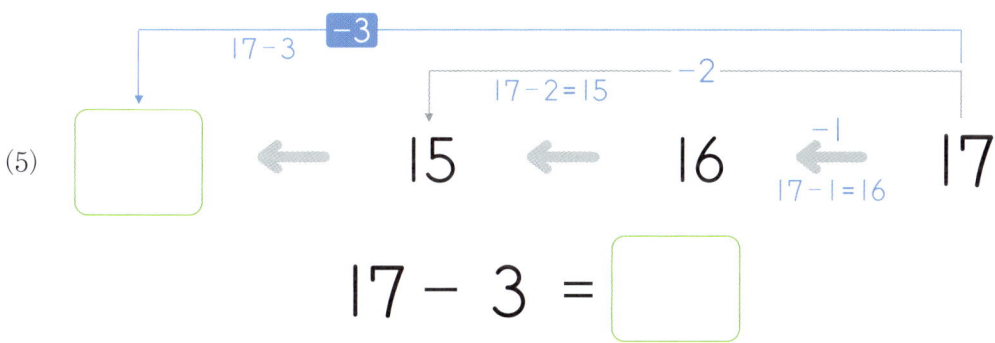

(5)

$$17 - 3 = \boxed{}$$

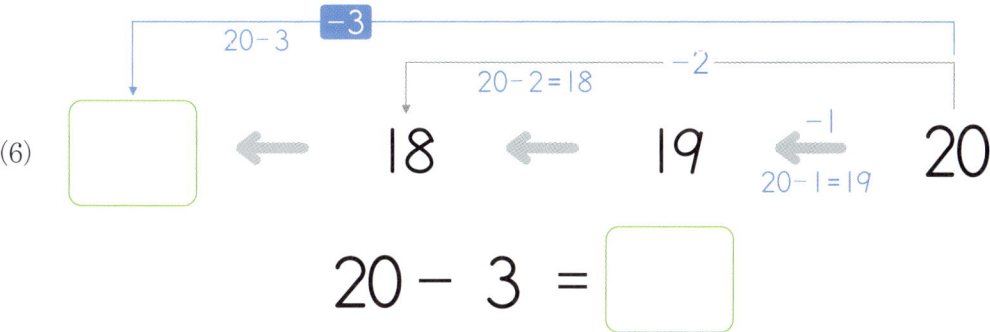

(6)

$$20 - 3 = \boxed{}$$

➕ 수를 갈라 ☐ 안에 알맞은 수를 쓰고, 뺄셈을 하세요.

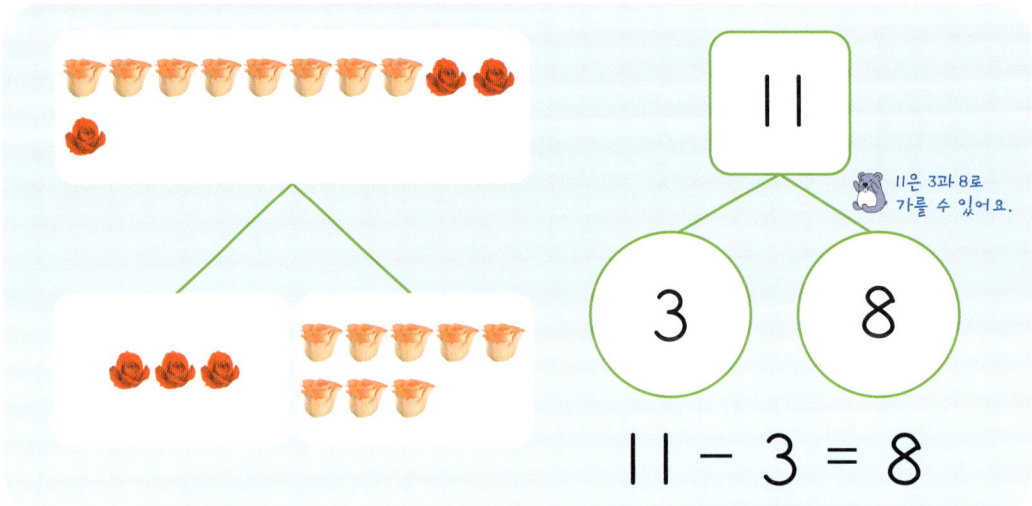

11은 3과 8로 가를 수 있어요.

$$11 - 3 = 8$$

(1)   (2)

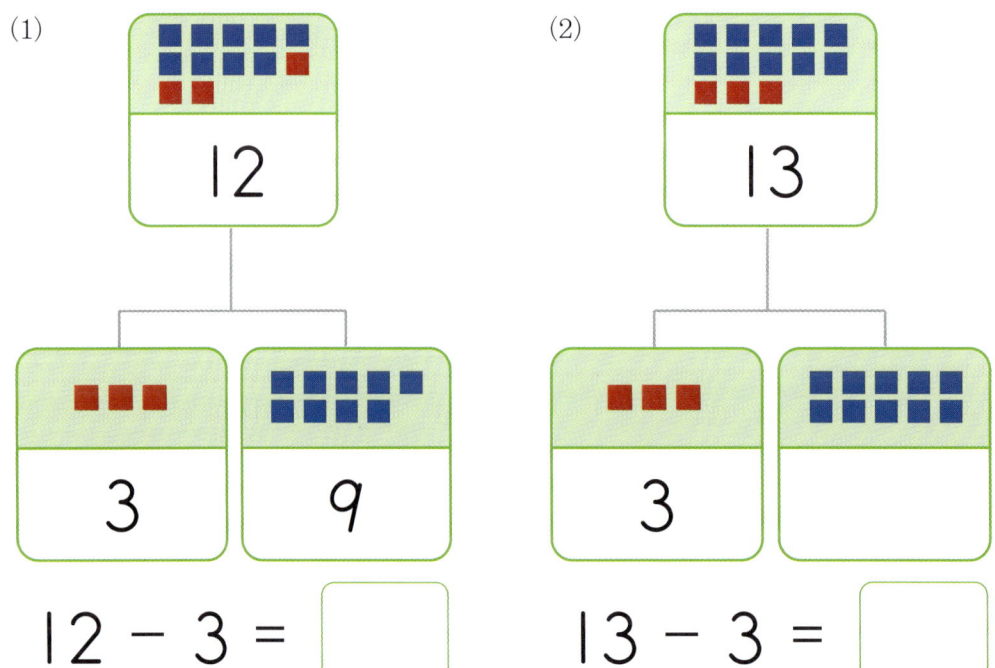

$$12 - 3 = \boxed{}$$

$$13 - 3 = \boxed{}$$

 꼭꼭   아이가 좋아하는 사탕이나 물건을 이용하여 수를 3과 어떤 수로 가르기를 해 봅니다.

수를 갈라 ☐ 안에 알맞은 수를 쓰고, 뺄셈을 하세요.

(3)

15

3   12

$15 - 3 = \boxed{12}$

(4)

14

3   ☐

$14 - 3 = \boxed{}$

2주

(5)

17

3   ☐

$17 - 3 = \boxed{}$

(6)

19

3   ☐

$19 - 3 = \boxed{}$

(7)

20

3   ☐

$20 - 3 = \boxed{}$

(8)

18

3   ☐

$18 - 3 = \boxed{}$

다음 뺄셈을 하세요.

(1)

$11 - 3 =$ ☐

3을 1과 2로 갈라서
뺄셈을 해요.
① $11 - 1 = 10$
② $10 - 2 = 8$

(2)

$12 - 3 =$ ☐

3을 2와 1로
가른 후 계산해요.
① $12 - 2 = 10$
② $10 - 1 = 9$

(3)

$13 - 3 =$ ☐

(4)

$14 - 3 =$ ☐

(5)

$15 - 3 =$ ☐

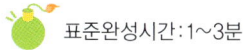
✿ 다음 뺄셈을 하세요.

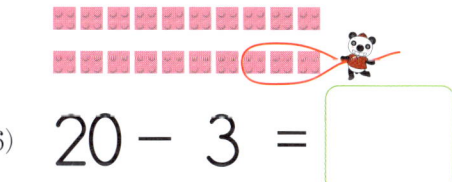

(6)　20 − 3 = ☐

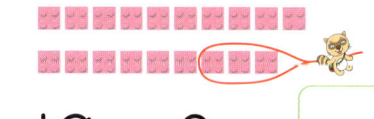

(7)　19 − 3 = ☐

2주

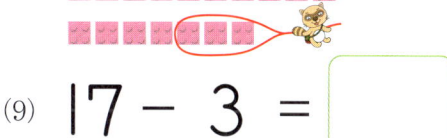

(8)　18 − 3 = ☐

(9)　17 − 3 = ☐

(10)　16 − 3 = ☐

(11)　15 − 3 = ☐

(12)　14 − 3 = ☐

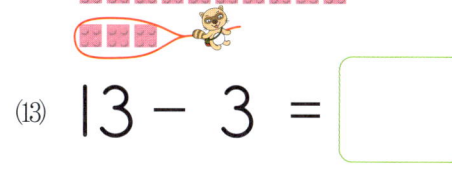

(13)　13 − 3 = ☐

 꼭꼭　어떤 수에서 빼기 3을 직접 해 봅니다. 아이가 어려워하면 구체물과 함께 학습하도록 합니다.

다음 뺄셈을 하세요.

(1) 20 − 3 = ☐

(2) 19 − 3 = ☐

(3) 18 − 3 = ☐

(4) 17 − 3 = ☐

(5) 16 − 3 = ☐

(6) 15 − 3 = ☐

(7) 14 − 3 = ☐

(8) 10 − 3 = ☐

(9) 12 − 3 = ☐   3을 2와 1로 갈라야 해.   2 1

(10) 11 − 3 = ☐   3을 1과 2로 갈라야 해.   1 2

(11) 8 − 3 = ☐

(12) 13 − 3 = ☐

(13) 20 − 3 = ☐

(14) 9 − 3 = ☐

(15) 17 − 3 = ☐

(16) 16 − 3 = ☐

다음 뺄셈을 하세요.

(17) 4 - 3 =

(18) 7 - 3 =

(19) 8 - 3 =

(20) 6 - 3 =

(21) 15 - 3 =

(22) 12 - 3 =
　　　　　2 1

(23) 19 - 3 =

(24) 9 - 3 =

(25) 10 - 3 =

(26) 14 - 3 =

(27) 11 - 3 =
　　　1 2

3에서 3을 빼면 몇이지?

(28) 13 - 3 =

(29) 20 - 3 =

(30) 17 - 3 =

(31) 16 - 3 =

(32) 18 - 3 =

다음 뺄셈을 하세요.

(1) 　4 − 3 = [ ]

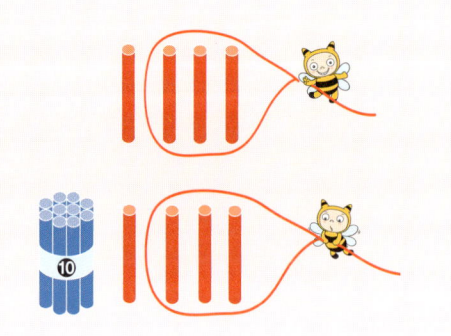

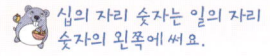 일의 자리 숫자 4에서 3을 빼요.

1 4 − 3 = [ ]

십의 자리 숫자는 일의 자리 숫자의 왼쪽에 써요.

(2) 5 − 3 = [ ]　(3) 6 − 3 = [ ]

15 − 3 = [ ]　16 − 3 = [ ]

(4) 7 − 3 = [ ]　(5) 8 − 3 = [ ]

17 − 3 = [ ]　18 − 3 = [ ]

(6) 9 − 3 = [ ]　(7) 3 − 3 = [ ]

19 − 3 = [ ]　13 − 3 = [ ]

다음 뺄셈을 하세요.

(8) 6 − 3 = ☐

(9) 12 − 3 = ☐
  2 1

(10) 14 − 3 = ☐

(11) 9 − 3 = ☐

(12) 8 − 3 = ☐

(13) 13 − 3 = ☐

(14) 10 − 3 = ☐

(15) 16 − 3 = ☐

(16) 11 − 3 = ☐
  1 2

(17) 10 − 3 = ☐

(18) 7 − 3 = ☐

(19) 18 − 3 = ☐

(20) 19 − 3 = ☐

(21) 17 − 3 = ☐

(22) 15 − 3 = ☐

(23) 20 − 3 = ☐

꼭꼭 11과 12는 일의 자리 수에서 빼기 3을 할 수 없으므로 수 가르기를 해야 함을 말해 줍니다.

 다음 뺄셈을 하세요.

(1) $4 - 3 =$ ☐

(2) $8 - 3 =$ ☐

(3) $9 - 3 =$ ☐

(4) $10 - 3 =$ ☐

(5) $12 - 3 =$ ☐

(6) $6 - 3 =$ ☐

(7) $16 - 3 =$ ☐

(8) $13 - 3 =$ ☐

(9) $7 - 3 =$ ☐

(10) $15 - 3 =$ ☐

(11) $11 - 3 =$ ☐

(12) $18 - 3 =$ ☐

(13) $14 - 3 =$ ☐

(14) $19 - 3 =$ ☐

(15) $20 - 3 =$ ☐

(16) $17 - 3 =$ ☐

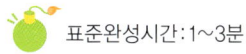
 다음 뺄셈을 하세요.

(17) $5 - 3 =$ ☐　　　　(18) $7 - 3 =$ ☐

(19) $8 - 3 =$ ☐　　　　(20) $4 - 3 =$ ☐

(21) $13 - 3 =$ ☐　　　　(22) $15 - 3 =$ ☐

(23) $9 - 3 =$ ☐　　　　(24) $12 - 3 =$ ☐

(25) $14 - 3 =$ ☐　　　　(26) $16 - 3 =$ ☐

(27) $17 - 3 =$ ☐　　　　(28) $19 - 3 =$ ☐

(29) $10 - 3 =$ ☐　　　　(30) $18 - 3 =$ ☐

(31) $11 - 3 =$ ☐　　　　(32) $20 - 3 =$ ☐

2주

다음 뺄셈을 하세요.

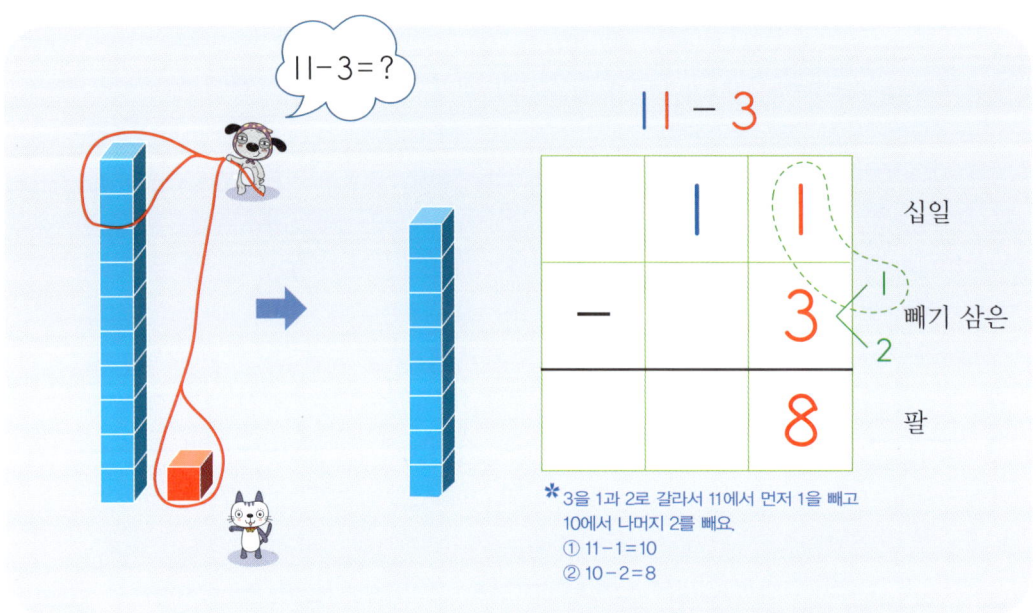

11 − 3 = ?

11 − 3

	1	1	십일
−		3	빼기 삼은
		8	팔

* 3을 1과 2로 갈라서 11에서 먼저 1을 빼고
10에서 나머지 2를 빼요.
① 11 − 1 = 10
② 10 − 2 = 8

* 3에서 3을 빼면 0이 남지.

(1) 12 − 3

	1	2
−		3

(2) 13 − 3

	1	3
−		3

(3) 14 − 3

	1	4
−		3

꼭꼭 　빼어지는 수의 일의 자리 수가 빼는 수보다 더 작으면 빼는 수를 갈라서 계산합니다.

🍀 다음 뺄셈을 하세요.

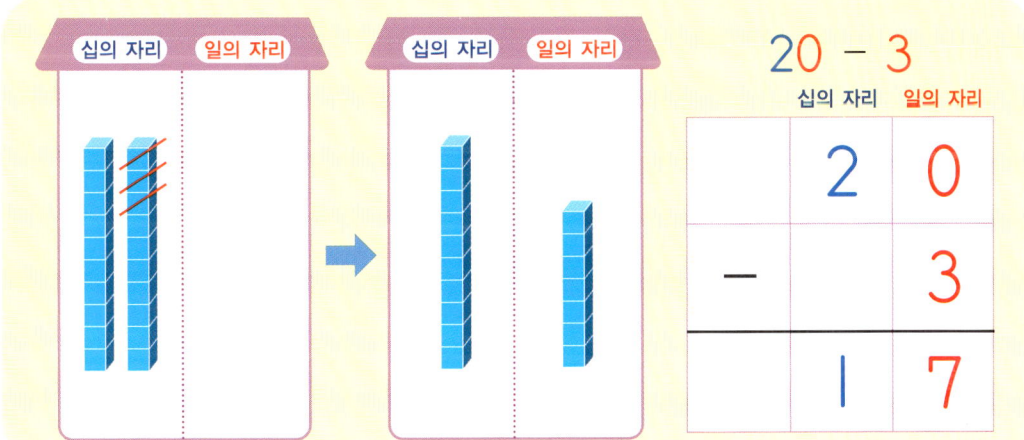

	십의 자리	일의 자리
	2	0
−		3
	1	7

20 − 3

(4) 15 − 3

	1	5
−		3

(5) 17 − 3

	1	7
−		3

(6) 16 − 3

	1	6
−		3

(7) 19 − 3

	1	9
−		3

(8) 20 − 3

	2	0
−		3

(9) 18 − 3

	1	8
−		3

 다음 뺄셈을 하세요.

(1)

	1	2
−		3

(2)

		6
−		3

(3)

	1	4
−		3

(4)

	1	6
−		3

(5)

		8
−		3

(6)

	1	5
−		3

(7)

	1	7
−		3

(8)

	1	8
−		3

(9)

	1	9
−		3

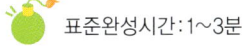

💠 다음 뺄셈을 하세요.

(10)
$$\begin{array}{r} 6 \\ -\ 3 \\ \hline \end{array}$$

(11)
$$\begin{array}{r} 1\ 0 \\ -\ \ \ 3 \\ \hline \end{array}$$

(12)
$$\begin{array}{r} 1\ 9 \\ -\ \ \ 3 \\ \hline \end{array}$$

(13)
$$\begin{array}{r} 1\ 2 \\ -\ \ \ 3 \\ \hline \end{array}$$

(14)
$$\begin{array}{r} 1\ 4 \\ -\ \ \ 3 \\ \hline \end{array}$$

(15)
$$\begin{array}{r} 1\ 6 \\ -\ \ \ 3 \\ \hline \end{array}$$

(16)
$$\begin{array}{r} 1\ 8 \\ -\ \ \ 3 \\ \hline \end{array}$$

(17)
$$\begin{array}{r} 1\ 7 \\ -\ \ \ 3 \\ \hline \end{array}$$

(18)
$$\begin{array}{r} 1\ 5 \\ -\ \ \ 3 \\ \hline \end{array}$$

(19)
$$\begin{array}{r} 1\ 1 \\ -\ \ \ 3 \\ \hline \end{array}$$

(20)
$$\begin{array}{r} 2\ 0 \\ -\ \ \ 3 \\ \hline \end{array}$$

(21)
$$\begin{array}{r} 1\ 3 \\ -\ \ \ 3 \\ \hline \end{array}$$

➕ 다음 뺄셈을 하세요.

−3

11	11−3
12	12−3
13	13−3

세로의 수 11에서
가로의 수 3을 빼요.

−3

14	
15	
16	

−3

17	
18	
19	

−3

20	
9	
7	

 꼭꼭　여러 번 반복하여 나온 형태의 뺄셈이므로 식을 쓰지 않고도 답을 구할 수 있도록 합니다.

다음 뺄셈을 하세요.

−	3
14	14−3
11	11−3
15	15−3
13	13−3
17	17−3
12	12−3
18	18−3

세로의 수 14에서
가로의 수 3을 빼요.

−	3
16	
19	
8	
20	
9	
10	
15	

2주

✿ 다음 뺄셈을 하세요.

−	20	19	18	17
3	20-3	19-3	18-3	17-3

가로의 수 20에서
세로의 수 3을 빼요.

−	16	15	14	13
3				

−	12	11	8	7
3				

다음 뺄셈을 하세요.

−	5	8	11	7	13	9
3	5−3	8−3	11−3	7−3	13−3	9−3

가로의 수 5에서
세로의 수 3을 빼요.

−	17	14	6	12	16	10
3						

−	13	19	3	18	14	20
3						

그림에 알맞은 뺄셈식을 찾아 색칠하세요.

| $16-3=13$ | $14-3=11$ | $8-3=5$ |

| $15-3=12$ | $10-3=7$ | $19-3=16$ |

 꼭꼭　그림의 수를 세어 보고 모두 몇 마리에서 몇 마리가 가버렸는지 뺄셈식을 만들어 봅니다.

그림에 알맞은 뺄셈식을 찾아 ◯표 하세요.

$13 - 3 = 10$ $9 - 3 = 6$ $16 - 3 = 13$

$10 - 3 = 7$ $15 - 3 = 12$ $17 - 3 = 14$

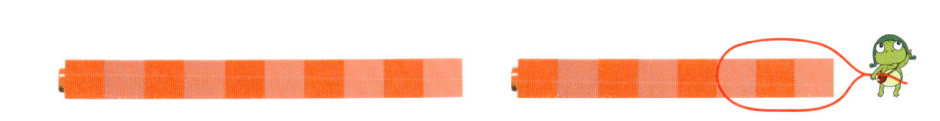

$18 - 3 = 15$ $16 - 3 = 13$ $19 - 3 = 16$

✚ 식이 완성되도록 **/**으로 지우고, ☐ 안에 알맞은 수를 쓰세요.

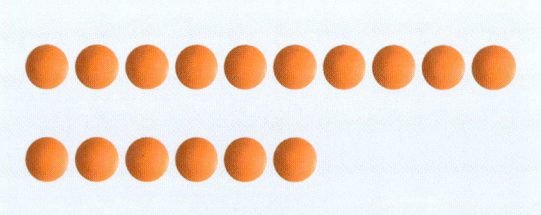

$14 - \boxed{3} = 11$

1개만 남기고
모두 지워 봐.

$16 - \boxed{} = 13$

$18 - \boxed{} = 15$

$19 - \boxed{} = 16$

✿ 뺄셈을 하고, 계산 결과가 더 큰 뺄셈식에 색칠하세요.

12 − 3 = ☐

10 − 3 = ☐

2 주

8 − 3 = ☐

14 − 3 = ☐

16 − 3 = ☐

19 − 3 = ☐

20 − 3 = ☐

18 − 3 = ☐

 꼭꼭　빼는 수가 같으면 빼어지는 수가 클수록 뺄셈식의 답도 커집니다.

3주 빼기 1, 2, 3의 종합

학습 체크표 매일 학습이 끝나면 채점을 하고 체크표를 작성하여 나의 실력을 알아보세요.

차시	단계	공부한 날	잘 했나요?
25차시		월 일	😄 🙂 😑 😣
26차시		월 일	😄 🙂 😑 😣
27차시		월 일	😄 🙂 😑 😣
28차시		월 일	😄 🙂 😑 😣
29차시	1단계	월 일	😄 🙂 😑 😣
30차시		월 일	😄 🙂 😑 😣
31차시		월 일	😄 🙂 😑 😣
32차시		월 일	😄 🙂 😑 😣
33차시	2단계	월 일	😄 🙂 😑 😣
34차시		월 일	😄 🙂 😑 😣
35차시	3단계	월 일	😄 🙂 😑 😣
36차시		월 일	😄 🙂 😑 😣

틀린 개수가

0~1개이면 😄 (아주 잘함)에, 2~3개이면 🙂 (잘함)에,

4~5개이면 😑 (보통)에, 6개 이상이면 😣 (노력 바람)에 색칠해 주세요.

만화로 개념 알아보기

3주

학습목표 여러 가지 형태의 빼기 1, 2, 3 문제를 능숙하게 계산할 수 있습니다.

13 - 1 = 12

떡 13개에서 1개를 줬으니 12개가 남았군.

할멈! 떡 2개만 더 주면 안 잡아먹지!

옛다! 2개

12개에서 2개를 줬으니 이제 10개가 남았네.

12 - 2 = 10

할멈! 떡 3개 주면 안 잡아먹지!

옛다! 3개

힛!

3^주

10 - 3 = 7

10개에서 3개를 줬으니까 7개 남았군. 쉰 떡이라 고민이었는데 잘됐다.

호호호♪

뭐? 쉰 떡이라고? 아이고 배야!

데굴

데굴

호호호…

⬥ 다음 뺄셈을 하세요.

(1)   2 − 1 = ☐

    *일의 자리 숫자 2에서 1을 빼요.

12 − 1 = ☐

    *십의 자리 숫자는 일의 자리 숫자의
     왼쪽에 써요.

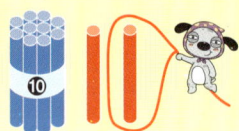

(2)   3 − 2 = ☐

13 − 2 = ☐

(3)   4 − 3 = ☐

14 − 3 = ☐

(4)   5 − 1 = ☐

15 − 1 = ☐

(5)   6 − 2 = ☐

16 − 2 = ☐

(6)   8 − 2 = ☐

18 − 2 = ☐

(7)   9 − 3 = ☐

19 − 3 = ☐

 한 자리 수의 빼기와 두 자리 수의 빼기를 일정한 규칙 속에서 빼어 보면서 빼기 1, 2, 3을 반복하여 풀게 합니다.

➕ 다음 뺄셈을 하세요.

(8) 7 − 2 = ☐

   17 − 2 = ☐

(9) 8 − 3 = ☐

   18 − 3 = ☐

(10) 9 − 1 = ☐

   19 − 1 = ☐

(11) 5 − 2 = ☐

   15 − 2 = ☐

(12) 6 − 3 = ☐

   16 − 3 = ☐

(13) 4 − 2 = ☐

   14 − 2 = ☐

(14) 3 − 2 = ☐

   13 − 2 = ☐

(15) 7 − 3 = ☐

   17 − 3 = ☐

3주

➕ 다음 뺄셈을 하세요.

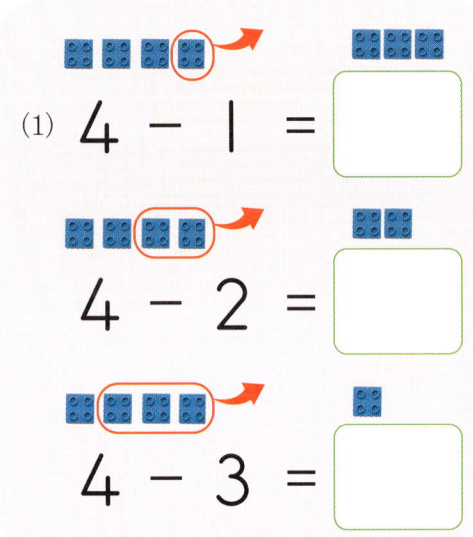

(1) $4 - 1 = \boxed{}$

(2) $5 - 1 = \boxed{}$

$4 - 2 = \boxed{}$

$5 - 2 = \boxed{}$

$4 - 3 = \boxed{}$

$5 - 3 = \boxed{}$

(3) $7 - 1 = \boxed{}$

(4) $9 - 1 = \boxed{}$

$7 - 2 = \boxed{}$

$9 - 2 = \boxed{}$

$7 - 3 = \boxed{}$

$9 - 3 = \boxed{}$

(5) $6 - 1 = \boxed{}$

(6) $8 - 2 = \boxed{}$

$6 - 2 = \boxed{}$

$8 - 3 = \boxed{}$

 꼭꼭   빼어지는 수가 같은 수에서 빼기 1, 2, 3을 차례로 계산하면 답이 1씩 작아집니다.

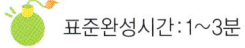
 다음 뺄셈을 하세요.

(7) $11 - 1 =$ ☐

$11 - 2 =$ ☐

$11 - 3 =$ ☐

$1 \quad 2$

 3을 두 수로 가른 후 빼요.
① $11 - 1 = 10$
② $10 - 2 = 8$

(8) $12 - 1 =$ ☐

$12 - 2 =$ ☐

$12 - 3 =$ ☐

$2 \quad 1$

3을 두 수로 가른 후 빼요.
① $12 - 2 = 10$
② $10 - 1 = 9$

3주

(9) $15 - 1 =$ ☐

$15 - 2 =$ ☐

$15 - 3 =$ ☐

(10) $17 - 1 =$ ☐

$17 - 2 =$ ☐

$17 - 3 =$ ☐

(11) $18 - 2 =$ ☐

$18 - 3 =$ ☐

(12) $20 - 2 =$ ☐

$20 - 3 =$ ☐

➕ 다음 뺄셈을 하세요.

(1) $6 - 2 =$ ☐

(2) $2 - 1 =$ ☐

(3) $7 - 3 =$ ☐

(4) $4 - 2 =$ ☐

(5) $6 - 1 =$ ☐

(6) $6 - 3 =$ ☐

(7) $8 - 3 =$ ☐

(8) $7 - 1 =$ ☐

(9) $5 - 2 =$ ☐

차가 같아요.

(10) $5 - 3 =$ ☐

(11) $8 - 1 =$ ☐

(12) $4 - 1 =$ ☐

(13) $9 - 2 =$ ☐

(14) $10 - 2 =$ ☐

(15) $10 - 3 =$ ☐

다음 뺄셈을 하세요.

(16) $12 - 3 =$ ☐
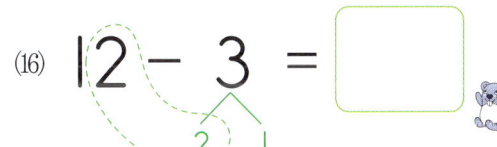

(17) $11 - 1 =$ ☐

(18) $13 - 2 =$ ☐

3주

(19) $14 - 3 =$ ☐

(20) $16 - 1 =$ ☐

(21) $15 - 2 =$ ☐

(22) $11 - 3 =$ ☐

(23) $19 - 3 =$ ☐

(24) $12 - 2 =$ ☐

차가 같아요.

(25) $11 - 2 =$ ☐

(26) $18 - 1 =$ ☐

(27) $17 - 2 =$ ☐

(28) $19 - 2 =$ ☐

(29) $18 - 3 =$ ☐

(30) $20 - 3 =$ ☐

꼭꼭 빼는 수를 두 수로 가를 때는 빼어지는 수의 일의 자리 숫자와 어떤 수로 가릅니다.

➕ 다음 뺄셈을 하세요.

(1) 4 – 2 = ☐

(2) 12 – 3 = ☐

(3) 6 – 3 = ☐

(4) 7 – 2 = ☐

(5) 11 – 2 = ☐

(6) 8 – 3 = ☐

(7) 9 – 2 = ☐

(8) 15 – 3 = ☐

(9) 13 – 1 = ☐

(10) 18 – 1 = ☐

(11) 17 – 2 = ☐

(12) 14 – 1 = ☐

(13) 9 – 3 = ☐

(14) 16 – 2 = ☐

(15) 15 – 2 = ☐

(16) 19 – 3 = ☐

다음 뺄셈을 하세요.

(17) $5 - 2 = $ ☐

(18) $12 - 1 = $ ☐

(19) $14 - 3 = $ ☐

(20) $7 - 3 = $ ☐

(21) $9 - 1 = $ ☐

(22) $16 - 1 = $ ☐

(23) $13 - 3 = $ ☐

(24) $8 - 2 = $ ☐

(25) $18 - 3 = $ ☐

(26) $14 - 2 = $ ☐

(27) $19 - 2 = $ ☐

(28) $10 - 1 = $ ☐

(29) $11 - 1 = $ ☐

(30) $17 - 1 = $ ☐

(31) $20 - 2 = $ ☐

(32) $19 - 1 = $ ☐

🟢 다음 뺄셈을 하세요.

(1) 6 – 2 = ☐

(2) 5 – 3 = ☐

(3) 18 – 2 = ☐

(4) 11 – 3 = ☐

(5) 15 – 1 = ☐

(6) 13 – 2 = ☐

(7) 17 – 3 = ☐

(8) 14 – 2 = ☐

(9) 9 – 2 = ☐

(10) 20 – 1 = ☐

(11) 12 – 3 = ☐

(12) 16 – 1 = ☐

(13) 18 – 2 = ☐

(14) 17 – 2 = ☐

(15) 20 – 3 = ☐

(16) 18 – 3 = ☐

계산 결과가 같은 것끼리 줄로 이으세요.

14 - 3 •   • 16

16 - 2 •   • 11

17 - 1 •   • 14

15 - 3 •   • 17

20 - 1 •   • 12

19 - 2 •   • 19

3주

30 차시 빼기 1, 2, 3의 종합

✤ 다음 뺄셈을 하세요.

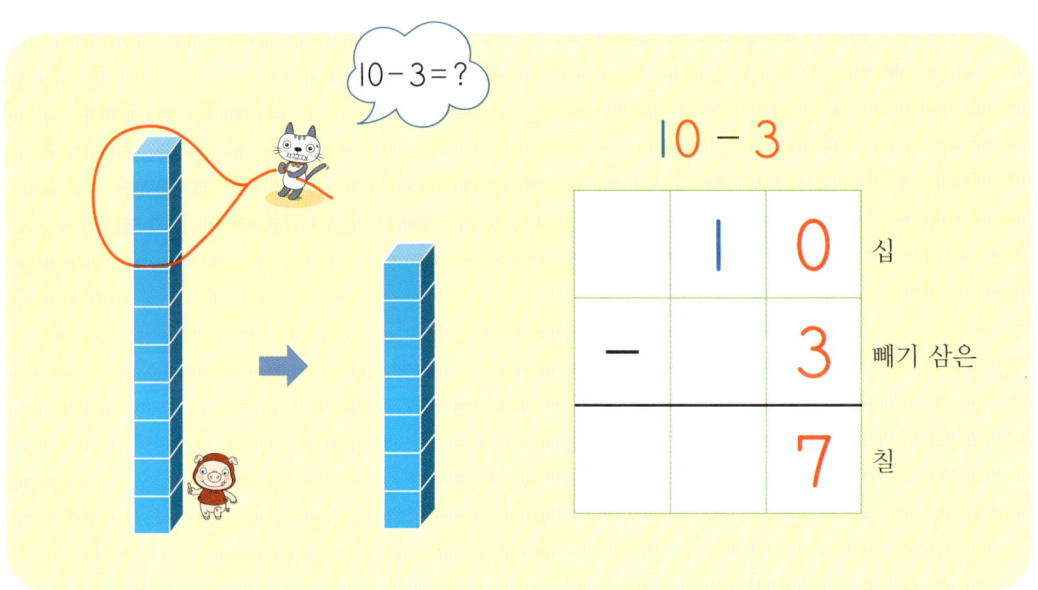

(1)

	1	1
−		3

(2)

	1	2
−		2

(3)

	1	4
−		1

(4)

	1	3
−		1

(5)

	1	6
−		2

(6)

	1	5
−		3

다음 뺄셈을 하세요.

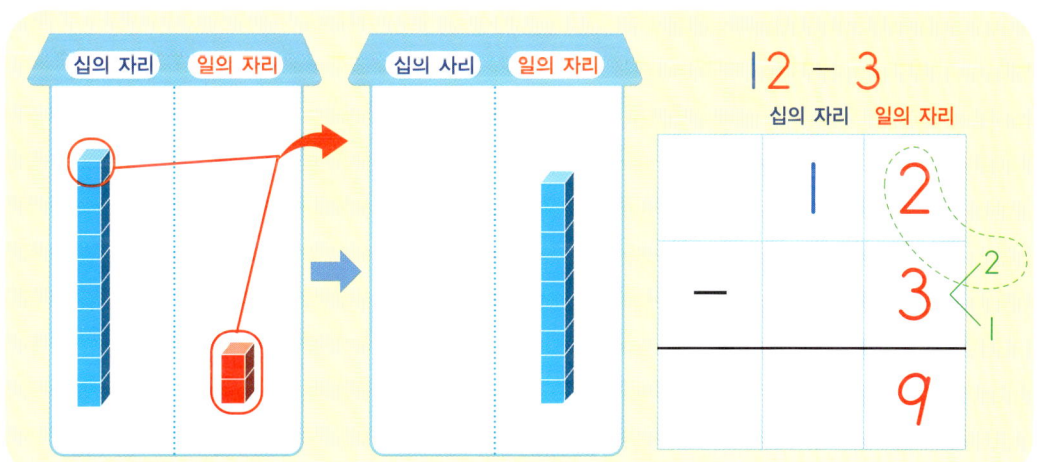

(7)

		8
−		3

(8)

	1	7
−		2

(9)

	1	9
−		1

(10)

	1	6
−		1

(11)

	1	0
−		2

(12)

	2	0
−		3

31 차시 빼기 1, 2, 3의 종합

1단계

❀ 다음 뺄셈을 하세요.

(1)
```
    7
-   1
```

(2)
```
  1 4
-   2
```

(3)
```
  1 3
-   3
```

(4)
```
    6
-   2
```

(5)
```
  1 5
-   1
```

(6)
```
  1 8
-   3
```

(7)
```
  1 2
-   1
```

(8)
```
  1 9
-   2
```

(9)
```
  1 6
-   3
```

80 기초계산

 다음 뺄셈을 하세요.

(10)
$$\begin{array}{r} 4 \\ -\ 3 \\ \hline \end{array}$$

(11)
$$\begin{array}{r} 6 \\ -\ 2 \\ \hline \end{array}$$

(12)
$$\begin{array}{r} 7 \\ -\ 1 \\ \hline \end{array}$$

(13)
$$\begin{array}{r} 1\ 5 \\ -\ \ \ 1 \\ \hline \end{array}$$

(14)
$$\begin{array}{r} 1\ 8 \\ -\ \ \ 3 \\ \hline \end{array}$$

(15)
$$\begin{array}{r} 1\ 1 \\ -\ \ \ 2 \\ \hline \end{array}$$

(16)
$$\begin{array}{r} 1\ 2 \\ -\ \ \ 3 \\ \hline \end{array}$$

(17)
$$\begin{array}{r} 1\ 5 \\ -\ \ \ 2 \\ \hline \end{array}$$

(18)
$$\begin{array}{r} 1\ 9 \\ -\ \ \ 1 \\ \hline \end{array}$$

(19)
$$\begin{array}{r} 1\ 4 \\ -\ \ \ 1 \\ \hline \end{array}$$

(20)
$$\begin{array}{r} 1\ 7 \\ -\ \ \ 2 \\ \hline \end{array}$$

(21)
$$\begin{array}{r} 1\ 3 \\ -\ \ \ 3 \\ \hline \end{array}$$

 일의 자리 숫자끼리 먼저 빼어 오른쪽에 쓴 후, 십의 자리 숫자는 왼쪽에 쓰게 합니다.

✚ 다음 뺄셈을 하세요.

(1)
```
    8
 -  3
───────
```

(2)
```
 1 3
-  1
───────
```

(3)
```
 1 4
-  2
───────
```

(4)
```
 1 6
-  2
───────
```

(5)
```
 1 1
-  3
───────
```

(6)
```
 1 2
-  3
───────
```

(7)
```
 1 9
-  3
───────
```

(8)
```
 1 8
-  2
───────
```

(9)
```
 1 5
-  1
───────
```

(10)
```
 1 0
-  2
───────
```

(11)
```
 1 2
-  1
───────
```

(12)
```
 2 0
-  3
───────
```

 다음 뺄셈을 하세요.

(13)
$$\begin{array}{r} 9 \\ -\ 3 \\ \hline \end{array}$$

(14)
$$\begin{array}{r} 1\ 4 \\ -\quad 2 \\ \hline \end{array}$$

(15)
$$\begin{array}{r} 1\ 5 \\ -\quad 1 \\ \hline \end{array}$$

(16)
$$\begin{array}{r} 1\ 7 \\ -\quad 1 \\ \hline \end{array}$$

(17)
$$\begin{array}{r} 1\ 4 \\ -\quad 3 \\ \hline \end{array}$$

(18)
$$\begin{array}{r} 1\ 1 \\ -\quad 2 \\ \hline \end{array}$$

(19)
$$\begin{array}{r} 1\ 5 \\ -\quad 3 \\ \hline \end{array}$$

(20)
$$\begin{array}{r} 1\ 6 \\ -\quad 1 \\ \hline \end{array}$$

(21)
$$\begin{array}{r} 1\ 2 \\ -\quad 2 \\ \hline \end{array}$$

(22)
$$\begin{array}{r} 1\ 8 \\ -\quad 2 \\ \hline \end{array}$$

(23)
$$\begin{array}{r} 1\ 0 \\ -\quad 1 \\ \hline \end{array}$$

(24)
$$\begin{array}{r} 1\ 9 \\ -\quad 3 \\ \hline \end{array}$$

➕ 다음 뺄셈을 하세요.

−	6	15	11	18	12	17
1	6−1	15−1	11−1	18−1	12−1	17−1

가로의 수 6에서
세로의 수 1을 빼요.

−	4	11	13	18	9	10
2						

−	13	7	20	5	12	16
3						

꼭꼭 아이가 식이 없는 변형된 형태의 뺄셈을 힘들어하면 식을 만들어 쓰고 답을 구하게 합니다.

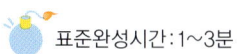

○ 다음 뺄셈을 하세요.

−	13	17	12	18	15	14
1	13−1	17−1	12−1	18−1	15−1	14−1

가로의 수 13에서
세로의 수 1을 빼요.

−	14	11	16	20	19	18
2						

−	12	17	20	18	13	10
3						

◆ 다음 뺄셈을 하세요.

−	5	14
1	5-1	14-1
2	5-2	14-2
3	5-3	14-3

가로의 수 5에서
세로의 수 1, 2, 3을 빼요.

−	7	12
1		
2		
3		

−	9	17
1		
2		
3		

−	8	20
1		
2		
3		

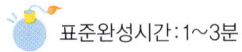
➕ 다음 뺄셈을 하세요.

−	10	13
1	10-1	13-1
2	10-2	13-2
3	10-3	13-3

🐹 가로의 수 10에서
세로의 수 1, 2, 3을 빼요.

−	15	17
1		
2		
3		

−	14	18
1		
2		
3		

−	11	20
1		
2		
3		

✚ 그림에 알맞은 뺄셈식을 찾아 색칠하세요.

$9 - 2 = 7$

$6 - 2 = 4$

$12 - 1 = 12$

$13 - 1 = 12$

$15 - 3 = 12$

$17 - 3 = 14$

 그림을 보며 전체의 수와 빼는 수를 세어 보고, 알맞은 뺄셈식을 찾게 합니다.

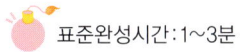
➕ 뺄셈을 하고, 계산 결과가 가장 큰 뺄셈에 ◯표 하세요.

8 - 2   8 - 1   8 - 3

빼어지는 수가 8로 같으니까
빼는 수가 작을수록 더 큰 뺄셈이야.

15 - 3   17 - 3   11 - 3

13 - 3   17 - 2   20 - 1

 꼭꼭   먼저 뺄셈식에서 일정한 규칙을 찾아봅니다. 빼는 수나 빼어지는 수가 같다면 빼는 수와 빼어지는
수의 크기를 비교하게 한 후, 답을 구하게 합니다.

❀ 식이 완성되도록 ╱으로 지우고, ☐ 안에 알맞은 수를 쓰세요.

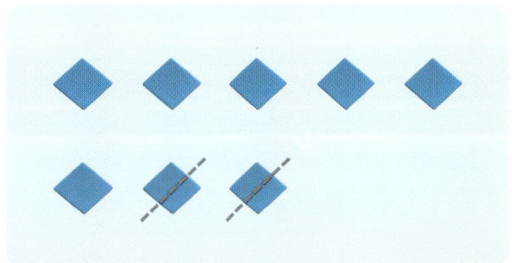

$$8 - \boxed{} = 6$$

$$12 - \boxed{} = 9$$

$$15 - \boxed{} = 13$$

 어떤 수 ☐를 구하는 뺄셈식은 수를 세면서 답의 수만큼 남기고 나머지 그림을 하나씩 지워 나갑니다.

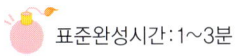
⬤ 빈칸에 알맞은 수를 써넣어 뺄셈식을 완성하세요.

✽ 4가 되려면 몇을
빼야 하지?

7	–		=	4
–		–		–
	–	1	=	
=		=		=
5	–		=	3

7 – ☐ = 4

7 – ☐ = 5

✽ 5에서 3이 되려면
몇을 빼야 하지?

 먼저 7-☐=4를 계산하고, 나머지 뺄셈식은 순서없이 계산해도 상관없습니다. 아이에게 물어보고 답을 구하게 합니다.

4주 더하기 · 빼기의 관계 ①

학습 체크표 매일 학습이 끝나면 채점을 하고 체크표를 작성하여 나의 실력을 알아보세요.

차시	단계	공부한 날	잘 했나요?
37차시		월 일	☺ ☺ ☹ ☹
38차시		월 일	☺ ☺ ☹ ☹
39차시		월 일	☺ ☺ ☹ ☹
40차시	1단계	월 일	☺ ☺ ☹ ☹
41차시		월 일	☺ ☺ ☹ ☹
42차시		월 일	☺ ☺ ☹ ☹
43차시		월 일	☺ ☺ ☹ ☹
44차시		월 일	☺ ☺ ☹ ☹
45차시	2단계	월 일	☺ ☺ ☹ ☹
46차시		월 일	☺ ☺ ☹ ☹
47차시	3단계	월 일	☺ ☺ ☹ ☹
48차시		월 일	☺ ☺ ☹ ☹

틀린 개수가

0〜1개이면 ☺(아주 잘함)에, 2〜3개이면 ☺(잘함)에,

4〜5개이면 ☹(보통)에, 6개 이상이면 ☹(노력 바람)에 색칠해 주세요.

학습목표 덧셈은 두 수를 바꾸어 더해도 합이 같다는 것을 알고, 덧셈식은 뺄셈식으로, 뺄셈식은 덧셈식으로 바꿔 보면서 덧셈과 뺄셈의 역연산 관계를 이해할 수 있습니다.

우리 사탕 5개로 개수 알아맞히기 놀이를 해볼까?

네~

자, 왼손에 사탕 몇 개가 있을까?

5개 중에 오른손에 3개가 있으니까...

음...

4주

5 - 3 = 2

5개에서 3개를 빼면
5-3=2, 2개에요.

와, 맞췄다!

2 + 3 = 5

그리고 양손의 사탕을
합하면 2+3=5니까
모두 5개에요.

잘했어. 이번에는
왼손에 몇 개가 있을까?

$5 - 2 = 3$

3개요!

정답!

와! 또
맞혔다!

$3 + 2 = 5$

$5 - 2 = 3$

$5 - 3 = 2$

덧셈을 뺄셈으로
바꿔서 계산하면
쉬워요.

잘했어!
선물로
사탕을
주마.

4주

💠 두 수를 바꾸어 더해 보세요.

(1) ● + ▲▲ = ●▲▲   1 + 2 = ☐

     ▲▲ + ● = ▲▲●   2 + 1 = ☐

(2) ◆◆◆ + ▲ = ◆◆◆▲   3 + 1 = ☐

     ▲ + ◆◆◆ = ▲◆◆◆   1 + 3 = ☐

(3) ■■ + ▲▲▲ = ■■▲▲▲   2 + 3 = ☐

     ▲▲▲ + ■■ = ▲▲▲■■   3 + 2 = ☐

 덧셈식에서 두 수를 바꾸어 더해도 합은 항상 같습니다. 구체물을 가지고 연습한 후, 구체물 없이 덧셈을 할 수 있도록 합니다.

✚ 왼쪽의 수가 나오는 알맞은 덧셈을 모두 찾아 ◯표 하세요.

(4) **3** ➡

2 + 1	1 + 1
1 + 2	4 + 1

(5) **5** ➡

2 + 2	3 + 2
2 + 3	4 + 2

(6) **4** ➡

3 + 1	1 + 4
2 + 3	1 + 3

➕ 덧셈식을 보고 뺄셈식을 만들어 보세요.

(1) $2 + 1 = 3 \Rightarrow 3 - 1 = 2$

(2) $4 + 1 = 5 \Rightarrow 5 - 1 = \boxed{}$

(3) $5 + 2 = 7 \Rightarrow 7 - 2 = \boxed{}$

 꼭꼭 덧셈식을 보고 뺄셈식 만들기는 아이들이 이해하는 데 어려움을 느낍니다. 사탕, 바둑돌 등이나 그림을 그려 가며 덧셈식과 뺄셈식의 관계를 충분히 이해시켜 줍니다.

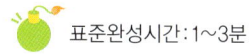
✚ 덧셈식을 보고 뺄셈식을 만들어 보세요.

(4)

$$3 + 2 = 5$$

$$5 - 2 = \boxed{3}$$

(5)

$$1 + 3 = 4$$

$$4 - 3 = \boxed{}$$

(6)

$$1 + 2 = 3$$

$$3 - 2 = \boxed{}$$

(7)

$$2 + 2 = 4$$

$$4 - 2 = \boxed{}$$

(8)

$$5 + 2 = 7$$

$$7 - 2 = \boxed{}$$

(9)

$$5 + 3 = 8$$

$$8 - 3 = \boxed{}$$

➕ 덧셈식을 보고 뺄셈식을 완성하세요.

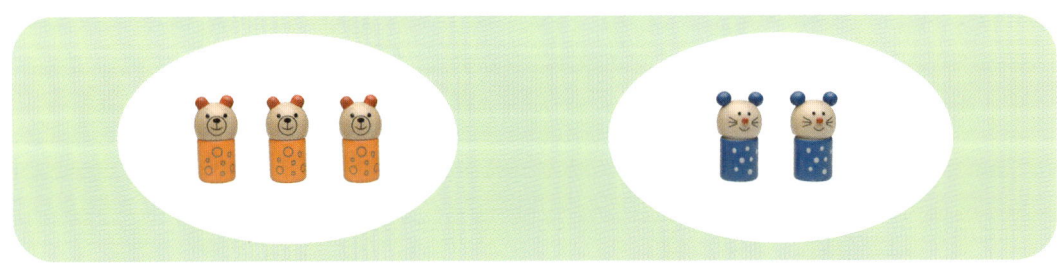

(1)

$$3 + 2 = 5$$

$$5 - 2 = \square$$

$$5 - 3 = \bigcirc$$

덧셈과 뺄셈의 관계를
잘 기억해 둬야 해요.

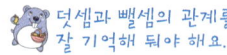  

(2)

$$3 + 1 = 4$$

$$4 - 1 = \bigcirc$$

$$4 - 3 = \square$$

 두 수를 더한 수에서 한 수를 빼면 어떤 수가 될지 그림을 보면서 알아봅니다.

✿ 덧셈식을 보고 뺄셈식을 완성하세요.

(3) $2 + 1 = 3$

$$3 - 1 = \square$$
$$3 - 2 = \bigcirc$$

 4주

(4) $3 + 1 = 4$

$$4 - 1 = \square$$
$$4 - 3 = \bigcirc$$

(5) $2 + 3 = 5$

$$5 - 3 = \square$$
$$5 - 2 = \bigcirc$$

40 차시 더하기·빼기의 관계 ① 1단계

뺄셈식을 보고 덧셈식을 완성하세요.

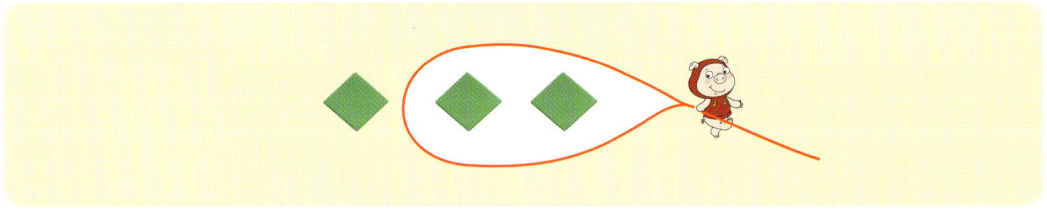

(1) 3 − 2 = 1

$1 + 2 = \boxed{}$

$2 + 1 = \boxed{}$

덧셈과 뺄셈의 관계를
잘 기억해 둬야 해요.

(2) 4 − 3 = 1

$1 + 3 = \boxed{}$

$3 + 1 = \boxed{}$

 뺄셈의 결과와 빼는 수를 더하면 어떤 수가 될지 그림을 보며 알아봅니다. 또 덧셈은 두 수를 바꾸어 더해도 합이 같음을 알게 합니다.

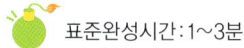
➕ 뺄셈식을 보고 덧셈식을 완성하세요.

(3) $4 - 2 = 2$

$2 + 2 = \boxed{}$

$2 + 2 = \boxed{}$

 4주

(4) $3 - 1 = 2$

$2 + 1 = \boxed{}$

$1 + 2 = \boxed{}$

(5) $5 - 3 = 2$

$2 + 3 = \boxed{}$

$3 + 2 = \boxed{}$

➕ 다음 계산을 하세요.

(1) 3 + 1 = ☐   (2) 4 - 1 = ☐

(3) 5 + 1 = ☐   (4) 6 - 1 = ☐

(5) 12 + 1 = ☐   (6) 13 - 1 = ☐

(7) 7 + 1 = ☐   (8) 8 - 1 = ☐

(9) 16 + 1 = ☐   (10) 17 - 1 = ☐

(11) 4 + 1 = ☐   (12) 5 - 1 = ☐

(13) 18 + 1 = ☐   (14) 19 - 1 = ☐

(15) 9 + 1 = ☐   (16) 10 - 1 = ☐

 꼭꼭 덧셈과 뺄셈을 차례로 계산하다 보면 덧셈식으로 뺄셈식을 만든 문제라는 것을 알 수 있습니다.
3+1=4, 4-1=3을 계산하면서 덧셈과 뺄셈의 관계를 알게 합니다.

🍀 다음 계산을 하세요.

(17) $5 + 2 =$ ☐　　(18) $7 - 2 =$ ☐

(19) $7 + 2 =$ ☐　　(20) $9 - 2 =$ ☐

(21) $3 + 2 =$ ☐　　(22) $5 - 2 =$ ☐

(23) $9 + 2 =$ ☐　　(24) $11 - 2 =$ ☐

(25) $18 + 2 =$ ☐　　(26) $20 - 2 =$ ☐

(27) $10 + 2 =$ ☐　　(28) $12 - 2 =$ ☐

(29) $15 + 2 =$ ☐　　(30) $17 - 2 =$ ☐

(31) $17 + 2 =$ ☐　　(32) $19 - 2 =$ ☐

✿ 다음 계산을 하세요.

(1) 3 + 3 = ☐

(2) 6 − 3 = ☐

(3) 7 + 3 = ☐

(4) 10 − 3 = ☐

(5) 14 + 3 = ☐

(6) 17 − 3 = ☐

(7) 16 + 3 = ☐

(8) 19 − 3 = ☐

(9) 12 + 3 = ☐

(10) 15 − 3 = ☐

(11) 15 + 3 = ☐

(12) 18 − 3 = ☐

(13) 10 + 3 = ☐

(14) 13 − 3 = ☐

(15) 17 + 3 = ☐

(16) 20 − 3 = ☐

다음 계산을 하세요.

(17) 12 + 2 =

(18) 15 − 3 =

(19) 9 − 3 =

(20) 14 + 1 =

(21) 21 + 2 =

(22) 16 − 2 =

(23) 10 − 1 =

(24) 24 + 2 =

(25) 16 + 2 =

(26) 19 − 3 =

(27) 11 − 2 =

(28) 27 + 1 =

(29) 23 + 2 =

(30) 12 − 3 =

(31) 20 − 2 =

(32) 18 + 2 =

✿ 다음 계산을 하세요.

(1) $7 + 1 = \boxed{}$

(2) $9 - 2 = \boxed{}$

(3) $14 - 1 = \boxed{}$

(4) $10 + 3 = \boxed{}$

(5) $8 + 3 = \boxed{}$

(6) $15 + 2 = \boxed{}$

(7) $10 - 1 = \boxed{}$

(8) $20 - 3 = \boxed{}$

(9) $19 + 3 = \boxed{}$

(10) $12 + 3 = \boxed{}$

(11) $24 + 2 = \boxed{}$

(12) $11 - 2 = \boxed{}$

(13) $12 - 3 = \boxed{}$

(14) $26 + 3 = \boxed{}$

(15) $17 + 3 = \boxed{}$

(16) $17 - 2 = \boxed{}$

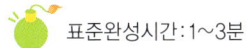
🍀 계산 결과가 같은 것끼리 줄로 이으세요.

8 + 1 ●	● 18 − 3
12 + 2 ●	● 11 − 2
15 + 3 ●	● 14 − 3
9 + 2 ●	● 16 − 2
12 + 3 ●	● 19 − 1
13 + 3 ●	● 18 − 2

 덧셈과 뺄셈을 차례로 계산하여 답을 옆에 쓴 후, 같은 답이 나온 식끼리 줄로 잇게 합니다.

✿ 다음 계산을 하세요.

(1)
```
    6
+   2
─────
```

(2)
```
  1 2
+   2
─────
```

(3)
```
  2 5
+   2
─────
```

(4)
```
    7
−   2
─────
```

(5)
```
  1 1
−   2
─────
```

(6)
```
  1 6
−   2
─────
```

(7)
```
    9
+   3
─────
```

(8)
```
  1 8
+   3
─────
```

(9)
```
  2 2
+   3
─────
```

(10)
```
    6
−   3
─────
```

(11)
```
  1 4
−   3
─────
```

(12)
```
  1 7
−   3
─────
```

✿ 다음 계산을 하세요.

(13)
```
    8
+   3
―――
```

(14)
```
  1 3
+   2
―――
```

(15)
```
  2 7
+   1
―――
```

(16)
```
  1 3
−   1
―――
```

(17)
```
  1 1
−   3
―――
```

(18)
```
  1 9
−   2
―――
```

(19)
```
  1 9
+   3
―――
```

(20)
```
  1 5
+   2
―――
```

(21)
```
  2 1
+   1
―――
```

(22)
```
  1 3
−   2
―――
```

(23)
```
  1 8
−   3
―――
```

(24)
```
  2 0
−   1
―――
```

🟦 다음 계산을 하세요.

+1	
1	1 + 1
11	11 + 1

+2	
3	
13	

+3	
5	
15	

 세로의 수 1, 11에
가로의 수 1을 더해요.

−1	
6	6 − 1
16	16 − 1

−2	
7	
17	

−3	
9	
19	

 꼭꼭 더해지는 수와 빼어지는 수가 세로에 있는 수이므로 바로 더하기 1, 2, 3과 빼기 1, 2, 3을 하여 답을 쓸 수 있도록 합니다.

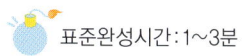 다음 계산을 하세요.

+	13	6	21	18	27
2	13+2	6+2	21+2	18+2	27+2

 가로의 수 13에
세로의 수 2를
더해요.

−	12	18	9	15	20
3					

 4주

+	15	22	24	8	19
1					

 아이는 덧셈보다 뺄셈에 더 어려움을 느낍니다. 식을 세우지 않고 뺄셈을 하기 어려워하면 빈칸 아래에 식을 써 놓고 풀게 합니다.

다음 계산을 하세요.

+	1	2
2	2+1	2+2
3	3+1	3+2
4	4+1	4+2

세로의 수 2, 3, 4에
가로의 수 1을 더해요.

−	1	2
9	9-1	9-2
8	8-1	8-2
7	7-1	7-2

+	2	3
5		
6		
7		

−	2	3
6		
5		
4		

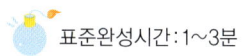
 다음 계산을 하세요.

+	1	2	3
5	5+1	5+2	5+3
14	14+1	14+2	14+3
23	23+1	23+2	23+3

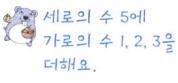 세로의 수 5에
가로의 수 1, 2, 3을
더해요.

 4주

−	1	2	3
8			
16			
20			

✚ 덧셈식을 보고 뺄셈식을 만들어 보세요.

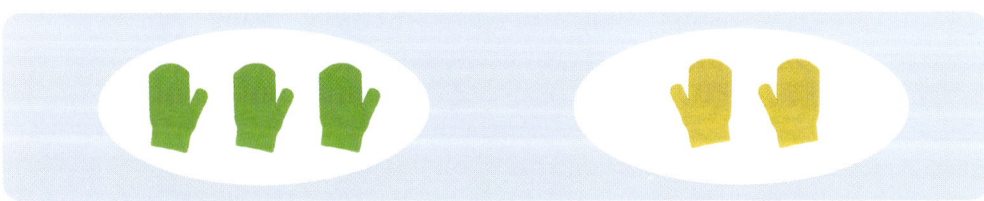

$$3 + 2 = \boxed{} \quad \Rightarrow \quad \boxed{} - 2 = 3$$

$$2 + 2 = \boxed{} \quad \Rightarrow \quad \boxed{} - 2 = 2$$

$$1 + 3 = \boxed{} \quad \Rightarrow \quad \boxed{} - 3 = 1$$

꼭꼭 덧셈식의 결과에서 더해지는 수를 빼면 더하는 수가, 더하는 수를 빼면 더해지는 수가 됩니다.

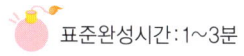
✿ 덧셈식을 보고 뺄셈식을 만들어 보세요.

$1 + 3 = 4$

$4 - \boxed{3} = \boxed{1}$

$4 - \boxed{1} = \boxed{3}$

$2 + 3 = 5$

$5 - \boxed{} = \boxed{}$

$5 - \boxed{} = \boxed{}$

$2 + 1 = 3$

$3 - \boxed{} = \boxed{}$

$3 - \boxed{} = \boxed{}$

➕ 계산을 하고, 계산 결과가 가장 큰 식에 색칠하세요.

17 - 2   14 - 2   11 - 2

🐨 똑같이 빼기 2니까 배어지는 수의 크기를 비교해 봐.

21 + 3   21 + 1   21 + 2

🐹 더해지는 수가 21로 같으니까 더하는 수의 크기를 비교해 봐.

15 + 2   20 - 1   19 - 3

꼭꼭 덧셈에서 두 수 중 한 수가 같으면 나머지 한 수가 큰 것이 더 큰 식입니다.

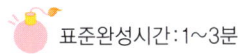
✿ 빈칸에 알맞은 수를 써넣어 계산식을 완성하세요.

＊8이 되려면 몇을
빼야 하지?

11	−		=	8
				11 − ☐ = 8
−		−		+
	+	1	=	3
11 − ☐ = 9				
=		=		=
9	+		=	
	9 + ☐ = 11			

＊11−☐=8을 먼저 계산하면
9+☐는 쉽게 알 수 있지.

＊8+3을 먼저 계산하고
9+☐를 계산해야 해.

 꼭꼭 아이가 문제 형태를 어려워할 경우 손가락으로 가로와 세로의 덧셈식과 뺄셈식을 하나하나 짚어 가
며 문제를 풀게 합니다.

다음 계산을 하세요.

(1) 4 + 2 =

(2) 5 − 3 =

(3) 7 − 1 =

(4) 8 + 2 =

(5) 10 + 2 =

(6) 9 − 1 =

(7) 16 − 3 =

(8) 11 − 3 =

(9) 19 + 2 =

(10) 13 − 2 =

(11) 20 − 2 =

(12) 25 + 3 =

(13) 24 + 3 =

(14) 17 − 2 =

(15) 3 + 2 =

(16) 2 + 3 =

채점을 하고, 틀린 개수에 맞게 ○하세요.

(17) 9 + 2 =

(18) 4 − 1 =

(19) 10 − 1 =

(20) 7 + 3 =

(21) 13 + 2 =

(22) 10 − 2 =

(23) 14 − 3 =

(24) 9 + 3 =

(25) 16 + 1 =

(26) 17 − 1 =

(27) 25 + 2 =

(28) 19 + 3 =

(29) 10 + 3 =

(30) 27 + 2 =

(31) 20 − 3 =

(32) 19 − 3 =

(33) 18 − 2 =

(34) 22 + 2 =

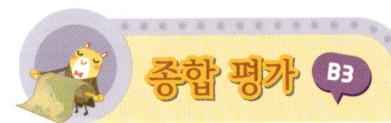
(35)
```
    6
+   2
─────
```

(36)
```
    9
−   2
─────
```

(37)
```
  1 4
−   2
─────
```

(38)
```
  1 2
+   1
─────
```

(39)
```
  1 1
−   2
─────
```

(40)
```
  1 5
+   3
─────
```

(41)
```
  1 7
−   3
─────
```

(42)
```
  1 2
−   3
─────
```

(43)
```
  2 6
+   2
─────
```

(44)
```
  2 3
+   2
─────
```

(45)
```
  1 9
−   2
─────
```

(46)
```
  2 8
+   2
─────
```

정답 및 지도서

자르는 선을 따라 잘라 보관하여, 채점할 때 사용하세요.

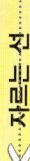

정답 및 지도서 B3

지도 방법

❶ 빼기 3에 대한 개념을 이해하고, (1~10)−3을 뺄셈식만 보고 계산할 수 있도록 합니다.

❷ 빼기에 대한 개념을 학습할 때에는 전체 수에서 3개를 지우는 방법 또는 3 작은 수의 개념에서부터 시작하는 방법 등이 아이가 쉽게 이해할 수 있는 방법입니다.

❸ 1부터 10까지의 수를 거꾸로 세는 연습을 꾸준히 하여 3 작은 수에 대한 개념을 익힐 수 있도록 지도해 주세요.

❹ 아이가 수 가르기를 능숙하게 할 수 있는지 확인해 보세요. 주변에서 쉽게 구할 수 있는 구체물 중에 아이가 좋아하는 장난감이나 사탕 등을 이용하여 전체 수를 두 개의 수로 나누어 보는 경험을 많이 할 수 있도록 지도해 주세요.

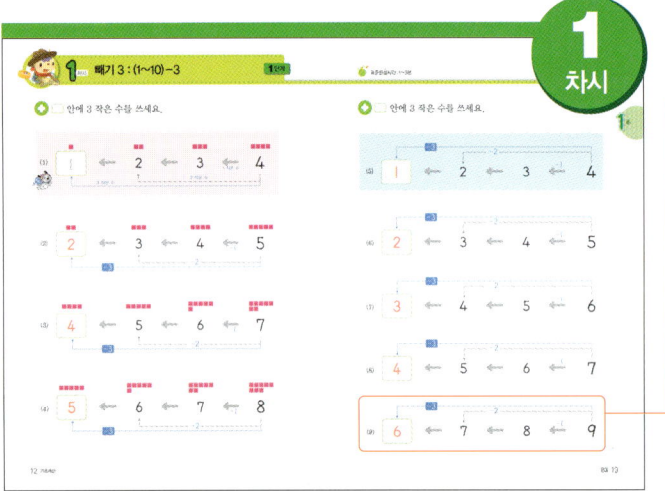

1차시

12~13쪽

- 어떤 수보다 2 작은 수는 빼기 2와 같다고 배운 거 기억나니?
- 9보다 2 작은 수는 몇이지? 그럼 9보다 3 작은 수는 몇일까? 9보다 3 작은 수는 빼기 3과 같단다.

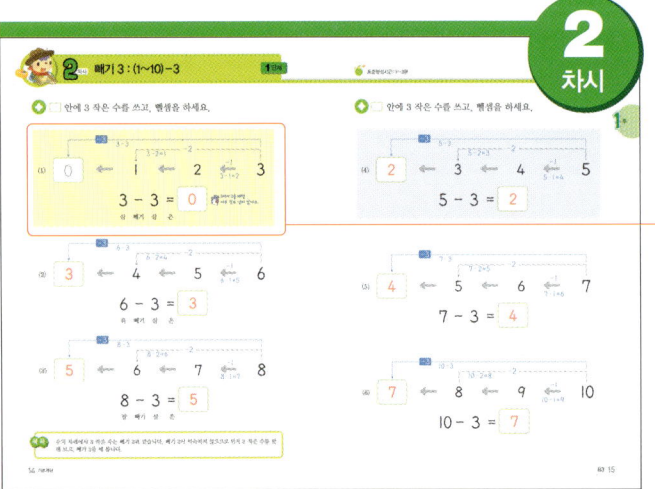

2차시

14~15쪽

- 어떤 수보다 3 작은 수는 빼기 3을 하는 것과 같으니까 수를 거꾸로 세어 봐.
- '10, 9, 8, 7, 6……1' 까지 거꾸로 세어 보고 작은 수를 찾아보자. 3보다 1 작은 수는 몇이지? 3보다 2 작은 수는? 그럼 3보다 3 작은 수는?

16~17쪽

- 장난감 자동차가 모두 몇 개니? 빨간 자동차의 수만큼 빼면 몇 개 남는지 세어 보자.
- 뺄셈식으로 써 보고, 읽어 볼까? 4-3=1이라고 쓰고, '사 빼기 삼 은 일' 이라고 읽는단다.

18~19쪽

- 토마토가 9개 있는데 3개를 빼면 몇 개가 남을까?
- 토마토 3개를 하나씩 지우면 몇 개가 남는지 알 수 있겠지. 남은 토마토의 수를 세어 볼까? 몇 개가 남았니? 빈칸에 답을 써 보자.

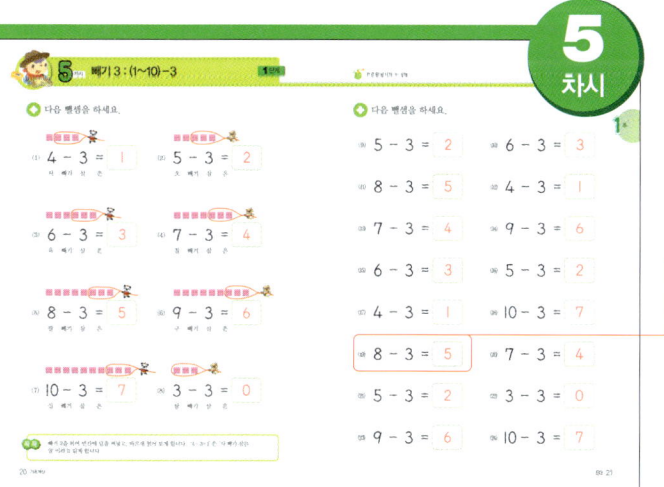

20~21쪽

- 빼기 3의 문제가 어렵다고 생각 되면 블록을 이용하거나 동그라미를 그려 가면서 해 보면 된단 다.
- 먼저 동그라미 8개를 그려 보고, 빼는 수 3만큼 동그라미를 3개 지워 볼래? 몇 개가 남았니? 남는 수가 답이 되는 거란다.

6 차시

6 빼기 3 : (1~10)-3

다음 뺄셈을 하세요.

(1) $6 - 3 = 3$ (9) $9 - 3 = 6$

(3) $10 - 3 = 7$ (4) $7 - 3 = 4$

(5) $6 - 3 = 3$ (6) $5 - 3 = 2$

(7) $4 - 3 = 1$ (8) $9 - 3 = 6$

(9) $7 - 3 = 4$ (10) $8 - 3 = 5$

(11) $5 - 3 = 2$ (12) $6 - 3 = 3$

(13) $3 - 3 = 0$ (14) $4 - 3 = 1$

(15) $8 - 3 = 5$ (16) $10 - 3 = 7$

다음 뺄셈을 하세요.

(17) $6 - 3 = 3$ (18) $5 - 3 = 2$

(19) $7 - 3 = 4$ (20) $3 - 3 = 0$

(21) $4 - 3 = 1$ (22) $9 - 3 = 6$

(23) $8 - 3 = 5$ (24) $6 - 3 = 3$

(25) $10 - 3 = 7$ (26) $7 - 3 = 4$

(27) $5 - 3 = 2$ (28) $4 - 3 = 1$

(29) $6 - 3 = 3$ (30) $8 - 3 = 5$

(31) $9 - 3 = 6$ (32) $10 - 3 = 7$

22~23쪽

빼기 3은 어떤 수보다 3 작은 수이니까 수를 거꾸로 세어 보면서 어떤 수보다 3 작은 수를 찾아보면 쉽게 풀 수 있을 거야.

---

7 차시

7 빼기 3 : (1~10)-3

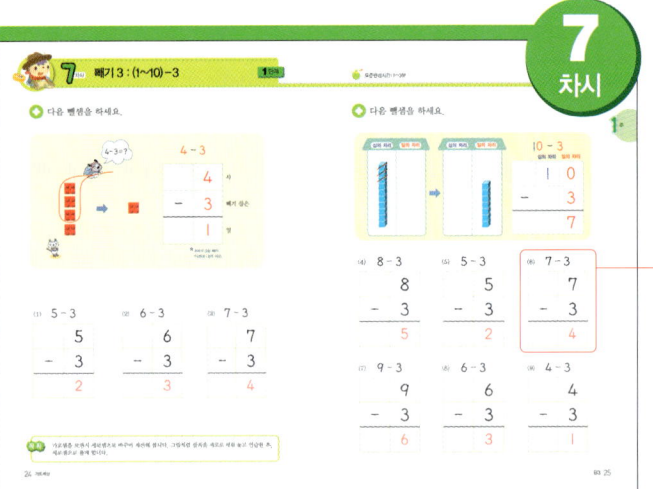

24~25쪽

- 블록 7개에서 3개를 빼면 남은 블록이 몇 개일까?
- 7-3은 수를 거꾸로 세어 3 작은 수로 알아볼까? 7보다 3 작은 수는 어떤 수니? 답이 같은지 확인해 보자.

---

8 차시

8 빼기 3 : (1~10)-3

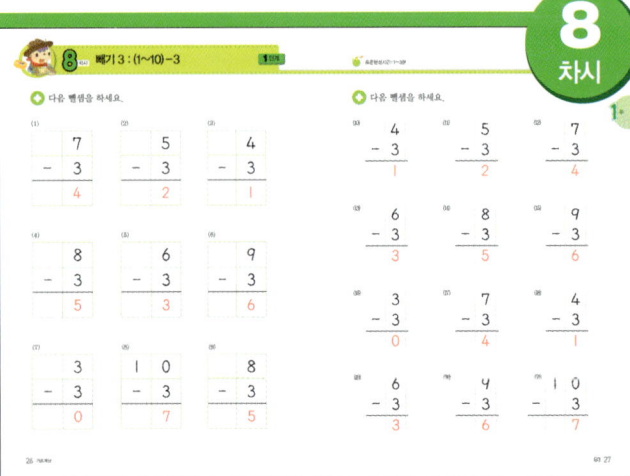

26~27쪽

- 8-3은 8보다 3 작은 수니까 몇이니?
  9-3은 9보다 3 작은 수를 찾으면 되겠지?
- 다른 문제들도 같은 방법으로 풀어 볼까?

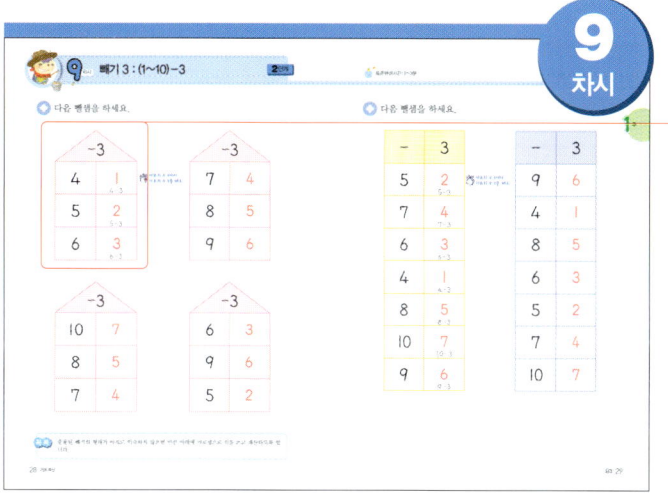

28~29쪽

- 빼어지는 수 4, 5, 6에서 3을 빼어 빈칸에 쓰면 된단다.
- 3을 빼는 것은 3 작은 수와 같으니까 수를 거꾸로 세면서 알아보자.

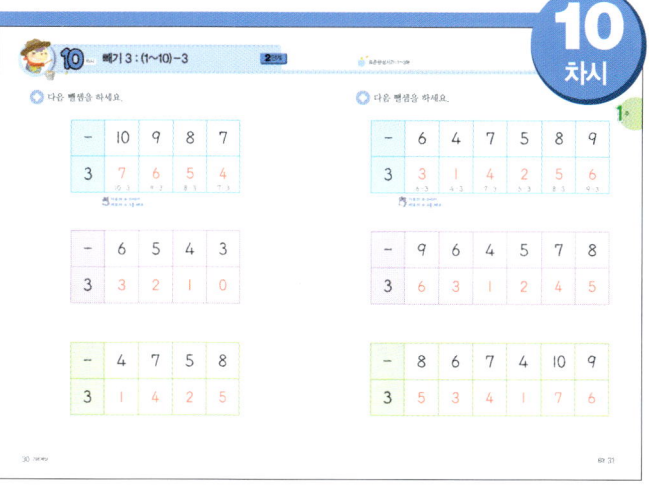

30~31쪽

- 빼기 3의 문제는 많이 해 봐서 잘할 수 있지?
- 어려운 문제는 연습장에 써서 엄마랑 같이 그림을 그려 가면서 풀어 보고, 틀린 문제는 여러 번 반복해서 풀면 다음에는 안 틀리고 풀 수 있을 거야.

32~33쪽

- 엄마가 이야기해 주면 맞는 계산식을 찾아보자.
- 코끼리 5마리가 놀고 있었는데 점심 때가 되자 배가 고파서 3마리가 밥을 먹으러 갔어. 몇 마리 남았는지 뺄셈식을 만들어 볼래?

34~35쪽

빼는 수가 모두 같은 수 3이니까 앞의 빼어지는 수의 크기가 클수록 더 큰 뺄셈식이 된단다. (6-3과 5-3 중에 빼어지는 수가 더 큰 뺄셈식이 무엇일까?) 답을 쓴 다음 맞는지 확인해 보자.

체크 포인트

① 아이가 1~10까지의 수를 거꾸로 세는 것에 익숙해지게 되면 1~10까지의 숫자 중 하나를 불러 주고 그 숫자보다 3 작은 수를 말해 보게 하세요.

② 빼기는 더하기와 모으기에만 익숙하던 아이에게는 새롭고 어려운 개념일 수 있습니다. 앞에서 배운 빼기 2까지의 계산 경험을 말해 주어 아이가 자신감을 가질 수 있도록 해 주세요.

③ 아이가 빼기 개념을 너무 어려워하거나 이해하지 못하면 바둑알이나 콩, 블록 등의 사물을 이용하여 자연스럽게 빼기 경험을 할 수 있도록 도와 주세요.

정답 및 지도서 B3

2주 빼기 3 : (1~20)−3

지도 방법

❶ (1~10)−3의 학습이 충분히 되어 있는지 다시 확인해 보고, (1~20)−3을 중점적으로 익히며 계산하게 합니다.

❷ 수의 차례대로 숫자를 나열했을 때, 왼쪽으로 한 칸씩 가는 것이 빼기 개념임을 알게 해주세요. 1 작은 수는 빼기 1, 2 작은 수는 빼기 2, 3 작은 수는 빼기 3과 같음을 알게 합니다.

❸ (1~20)−3의 계산을 처음 할 때에는 구체적인 사물을 이용한 놀이를 통해 아이가 흥미를 느낄 수 있도록 해주세요. 예를 들면, 주머니에 15개의 구슬을 넣고 그중 3개를 꺼냈을 때 주머니 속에 남아 있는 구슬의 개수를 아이에게 직접 맞추어 보게 하는 것입니다.

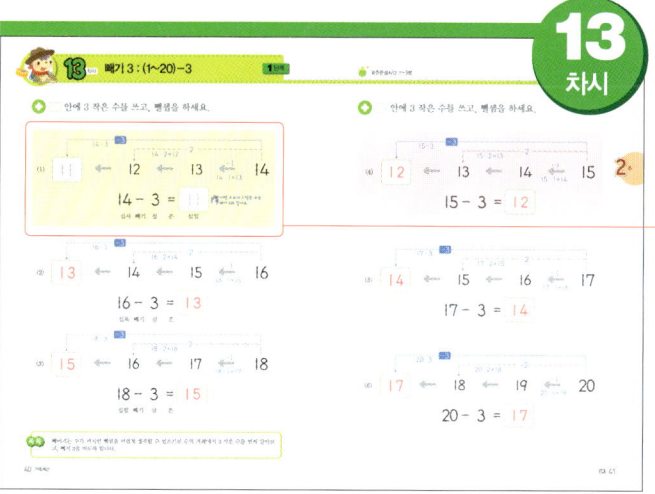

13 차시

40~41쪽

• 이번에는 1~20까지의 수를 거꾸로 세어 보자. 14보다 1 작은 수는 어떤 수일까? 14보다 2 작은 수는? 14보다 3 작은 수는?

• 어떤 수의 3 작은 수는 빼기 3과 같다는 것을 생각하면서 풀면 된단다.

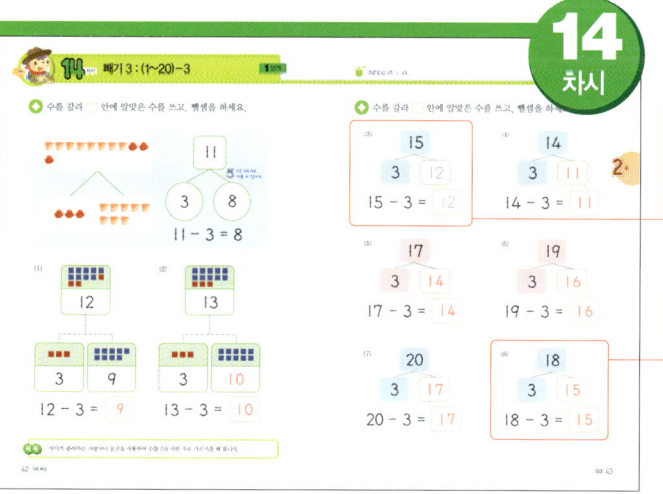

14 차시

42~43쪽

• 15를 3과 몇으로 가르는 것은 빼기 3을 하는 것과 같아. 빼기 3은 3 작은 수와 같으니까 15−3은 몇일까?

• 18을 3과 몇으로 가르는 것은 빼기 3을 하는 것과 같으니까 같은 방법으로 풀어 보자.

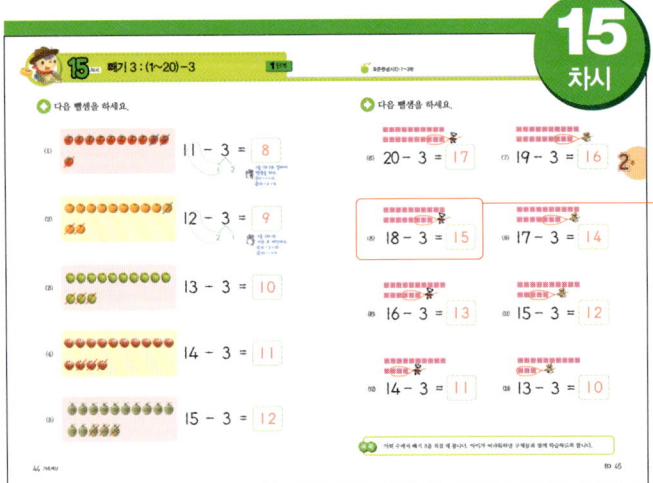

44~45쪽

- 18개의 블록 중에 3개의 블록을 친구에게 주면 몇 개가 남는지 세어 보자.
- 블록을 세어 보지 않고, 뺄셈식만 보고 답을 알아볼까? 18-3은 18보다 3 작은 수이니까 답을 쓸 수 있겠지.

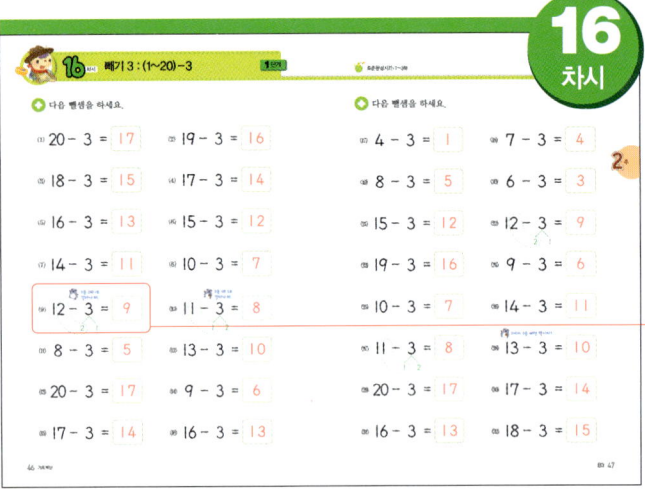

46~47쪽

- 수를 갈라 보면서 빼기 3을 연습해 보자. 빼어지는 수의 일의 자리 숫자가 빼는 수 3보다 크면 그대로 빼어 일의 자리에 쓰면 돼.
- 12-3처럼 빼어지는 수의 일의 자리 숫자가 빼는 수 3보다 작으면 3을 두 수로 갈라서 계산해야 한단다.

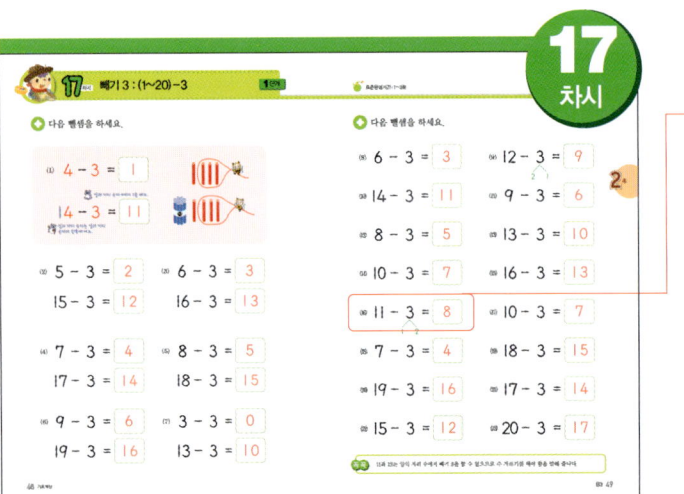

48~49쪽

- 11-3은 1에서 3을 뺄 수 없으니까 3을 1과 2로 갈라야 해.
- 11에서 1을 뺀 다음 다시 10에서 2를 빼면 된단다.
  ❶ 11-1=10
  ❷ 10-2=8

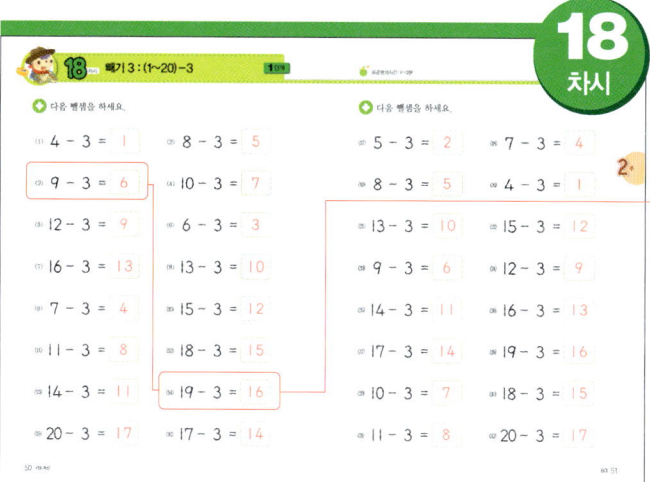

50~51쪽

- 9-3과 19-3은 빼는 수가 모두 같단다.
- 9보다 3 작은 수와 19보다 3 작은 수를 알아볼까? 답이 나왔니?
- 답의 일의 자리 숫자를 비교해 보자. 일의 자리 숫자가 6으로 똑같구나.

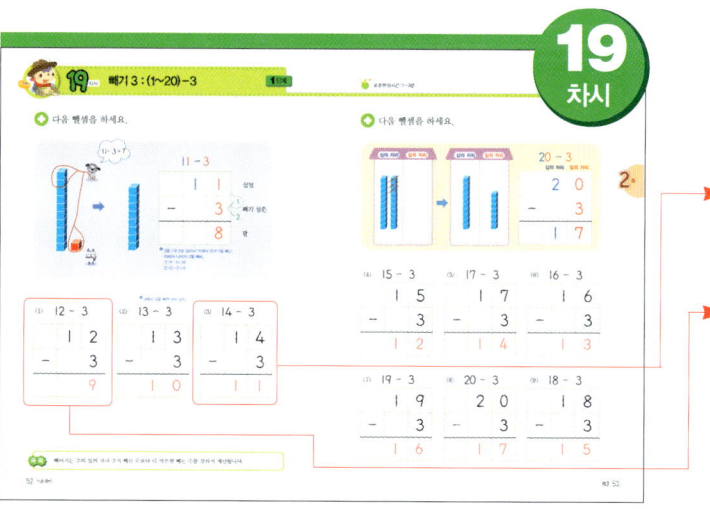

52~53쪽

- 세로셈으로 빼기를 할 때는 자릿수를 잘 맞춰서 빼야 해.
- 14-3은 빼는 수가 더 작으니까 그대로 빼어 일의 자리에 쓰면 된단다.
- 12-3은 3을 두 수로 갈라서 12에서 2를 빼고, 남은 수 1을 빼면 돼.

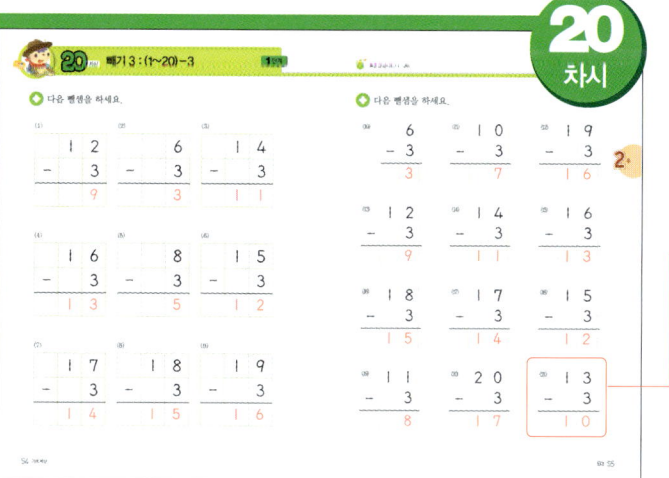

54~55쪽

- 어떤 수에서 3을 빼는 것은 그 수보다 3 작은 수란다. 빼기의 여러 가지 방법 중에 쉬운 방법으로 뺄셈을 해 보자.
- 13-3의 계산을 해 보자. 일의 자리 숫자 3에서 3을 빼면 몇이니? 0을 그대로 아래에 내려 쓰자. 십의 자리 숫자 1은 어디에 써야 할까?

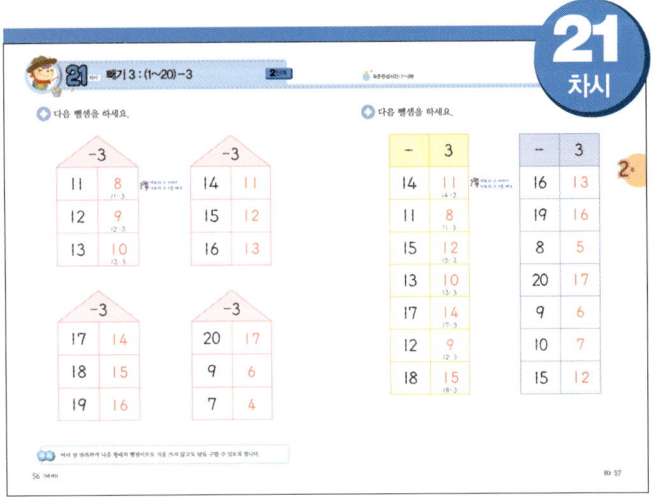

56~57쪽

- 뺄셈식을 세우지 않고 문제를 풀 수 있겠니? 어려우면 11-3처럼 식을 만들어 옆에 써 보자.
- 빼기 3은 3 작은 수와 같은 거니까 잊지 말고 뺄셈을 해 보자.

58~59쪽

- 빼기 3을 하는 여러 가지 방법을 배웠는데, 일의 자리 숫자끼리 뺄 수 없는 식은 빼는 수를 가르기 하여 풀 수 있단다.
- 20-3은 동그라미 20개를 그리고 3개를 /으로 지워 보자. 남은 동그라미는 모두 몇 개일까?

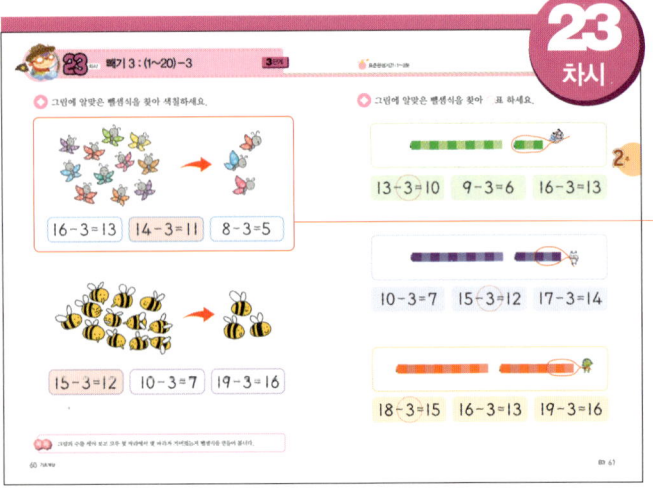

60~61쪽

- 엄마 이야기를 잘 듣고 계산식을 한번 찾아보자. 나비 14마리가 소풍을 가고 있는데, 3마리가 이슬에 날개가 젖어 날 수 없어서 나뭇잎으로 날개를 말리러 갔단다. 남은 나비는 몇 마리가 있니?
- 그림에 알맞은 뺄셈식을 찾아볼까?

62~63쪽

▶ 빼는 수가 3으로 같으니까 빼어지는 수가 큰 것이 답이 되겠지.
12-3과 10-3 중 어떤 식이 더 클까?

체크 포인트

❶ 처음에는 사물을 이용하여 빼기를 익히다가 익숙해지게 되면 뺄셈식만 보고 계산할 수 있도록 지도해 주세요.

❷ 1~20이내의 수와 양 개념을 확실하게 이해하고 있는지, 숫자를 알고 바르게 쓸 수 있는지 확인해 보세요.

❸ 실제 생활 속에서 뺄셈을 응용하여 아이가 쉽고 재미있게 빼기의 원리를 알 수 있도록 지도해 주세요.

정답 및 지도서 B3

3주 빼기 1, 2, 3의 종합

지도 방법

① 빼기 3의 개념을 이해하고 지금까지 배운 것을 복습하는 내용입니다. 아이가 잘못 알고 있는 부분이나 잘못 푸는 부분이 있는지 다시 한 번 확인해 보고 바르게 풀 수 있도록 지도해 주세요. 모르는 부분이 누적되면 아이는 학습에 대한 흥미를 잃을 수 있습니다.

② 아이가 다양한 계산 방법을 익힐 수 있도록 지도해 주세요. 수 가르기와 모으기의 방법을 통해 쉽게 빼기를 할 수 있도록 지도해 주세요.

③ 아이가 문제를 스스로 풀 수 있도록 지도해 주세요. 아이 스스로 목표 점수를 정하게 하고, 문제를 풀면 바로 채점을 하여 목표를 달성했는지 아이와 함께 확인해 보세요.

25차시

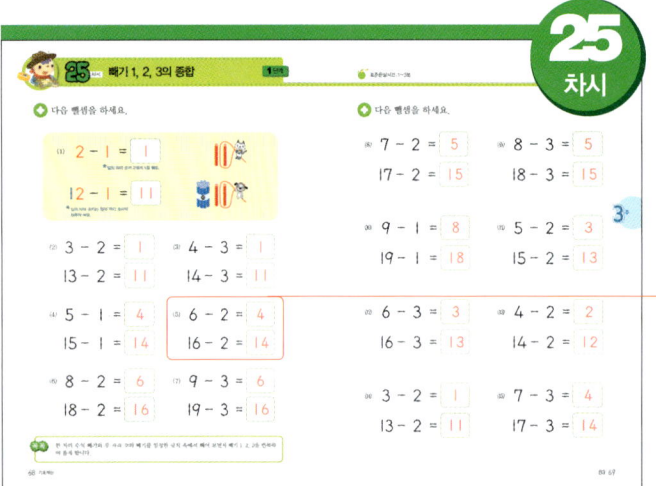

68~69쪽

- 6-2와 16-2처럼 일의 자리 숫자가 같은 뺄셈식의 답은 일의 자리 숫자가 어땠니?
- 빼는 수가 2로 같고 빼어지는 수가 10만큼 크니까 답도 10만큼 커지겠지.

26차시

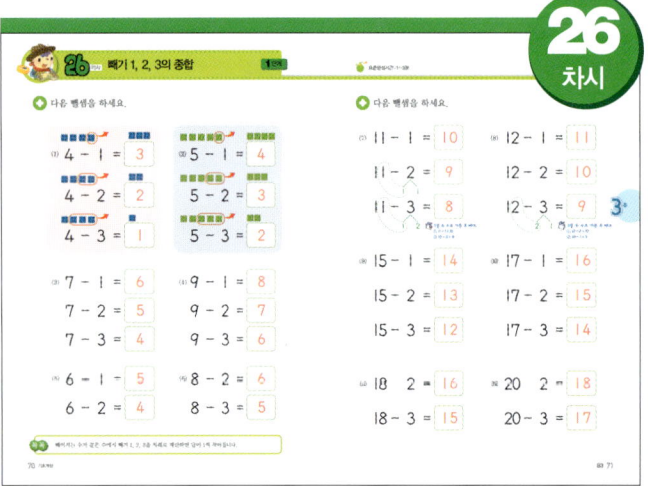

70~71쪽

- 같은 수에서 빼기 1, 2, 3을 각각 빼어 보자. 빼기 1은 1 작은 수, 빼기 2는 2 작은 수, 빼기 3은 3 작은 수란 것을 생각하며 풀어 보자.
- 같은 수에서 1씩 커지는 수를 빼니까 답은 어떻게 될까?

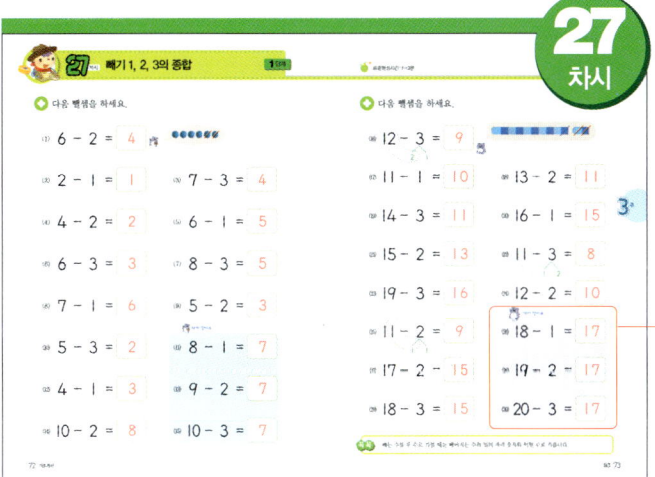

72~73쪽

- 18-1, 19-2, 20-3을 풀어 보자.
- 빼어지는 수 18, 19, 20이 1씩 커지고 빼는 수 1, 2, 3도 1씩 커졌네. 답을 써 보자.
- 빼어지는 수와 빼는 수 둘다 1씩 커지니까 답이 같구나.

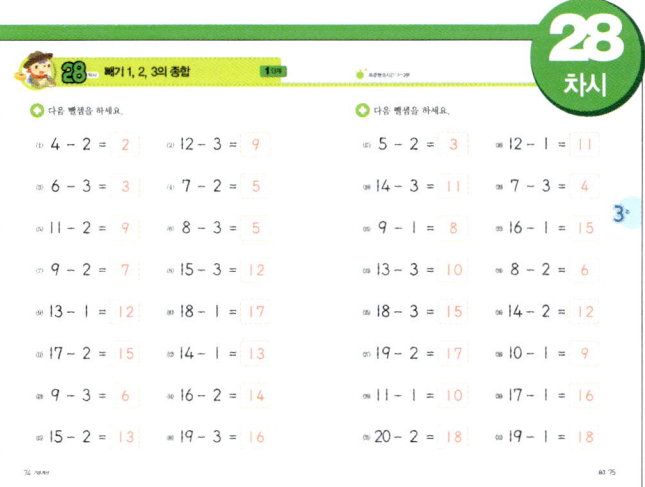

74~75쪽

- 지금까지 배웠던 뺄셈식이야.
- 쉬운 것부터 풀어 보면서 어려운 문제는 나중에 풀도록 하자.
- 식만 보고 답을 빨리 구할 수 없으면 구슬이나 바둑알을 이용해서 다시 한 번 풀어 보자.

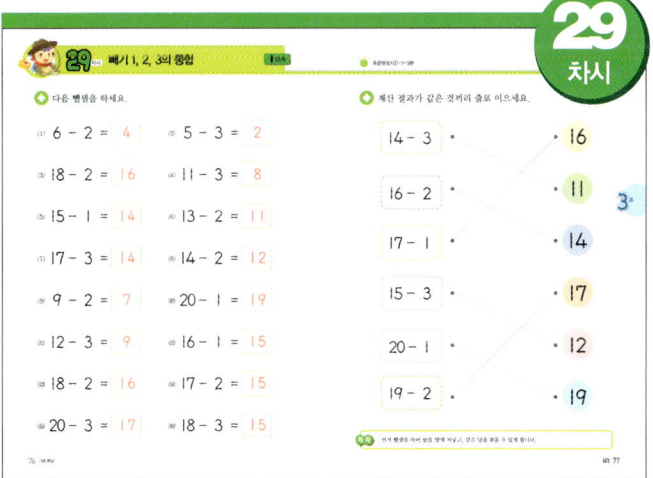

76~77쪽

- 왼쪽의 뺄셈식의 답을 오른쪽에서 찾아 줄로 이어 보는 문제구나.
- 실수 없도록 하기 위해 뺄셈을 한 후 답을 옆에 적어 놓고 오른쪽에서 찾아 줄로 이으면 된단다.

78~79쪽

- 12-3처럼 빼어지는 수의 일의 자리 숫자가 빼는 수보다 작으면 빼는 수를 가르기 한 후 계산하면 된단다.
- 3을 가르기 할 때는 12를 10으로 만들 수 있는 숫자로 갈라야 해. 그럼, 3은 몇과 몇으로 갈라야 할까?

80~81쪽

- 18-3처럼 빼어지는 수의 일의 자리 숫자가 빼는 수보다 크면 일의 자리 숫자끼리 계산하여 그대로 내려 쓰면 된단다.
- 십의 자리 숫자 1은 그대로 내려 쓰면 일의 자리 숫자 왼쪽에 쓰게 될거야.

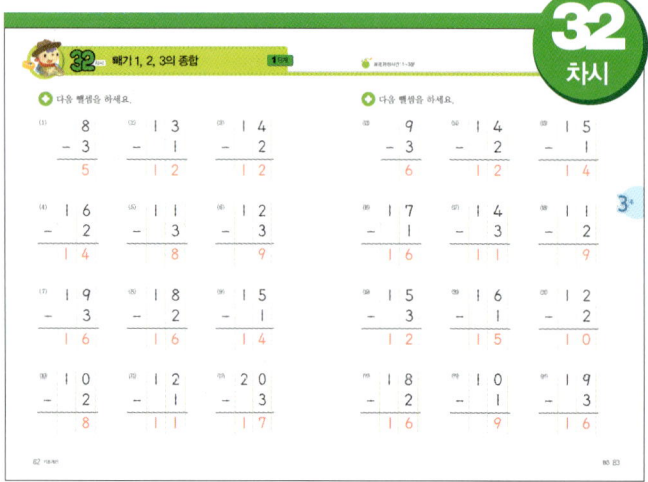

82~83쪽

빼기의 여러 방법 중에서 어떤 방법으로 풀어 볼까? 1 작은 수, 2 작은 수, 3 작은 수로 알아볼까? 아니면 빼는 수를 두 수로 갈라 볼까?

- 엄마가 수를 부를 테니까 빼기 1을 해서 답을 써 보자. (6, 15, 11, 18, 12, 17을 아이의 계산 속도에 맞춰 천천히 불러 주세요.)
- 어려우면 식을 옆에 써 놓고 풀어 볼까? 쉬운 문제를 먼저 풀고, 어려운 문제는 표시해 두었디기 니중에 풀어 보자.

86~87쪽

- 어떤 수에서 빼기 1, 2, 3을 차례로 빼어 보자. 5-1, 5-2, 5-3처럼 빼어지는 수에서 차례로 1, 2, 3을 먼저 빼어 보자.
- 14-1, 14-2, 14-3을 계산해 보자. 같은 수에서 1씩 커지는 수를 빼니까 답은 어떻게 나올까?

88~89쪽

- 뺄셈식은 전체의 수에서 빼는 수만큼 빼어 남은 수를 구하는 거야.
- 모두 몇 개에서 몇 개를 빼어 몇 개가 남았니? 수를 잘 세어 보고 식을 찾아보자.

90~91쪽

- 먼저 7−□=4를 풀어 보면 답을 빨리 구할 수 있을 거야. 동그라미 7개를 그려 보자. 4개가 남으려면 3개를 지워야 하니까 □는 몇이 될까?
- 같은 방법으로 그림을 그린 후, 지우면서 풀어 보면 된단다.

체크 포인트

① 연결된 숫자를 나열했을 때 왼쪽으로 한 칸씩 가는 것이 빼기 개념인 것을 알려 주세요.

② 아이가 뺄셈에 어느 정도 익숙해지면 정해진 시간 내에 얼마나 정확하게 풀 수 있는지 성취도를 확인해 보세요. 아이의 학습 수준을 측정해 볼 수 있습니다.

③ 자주 틀리는 계산식은 여러 번 반복하여 정확히 이해하고 갈 수 있도록 지도해 주세요.

4주 더하기·빼기의 관계 ①

지도 방법

① 덧셈과 뺄셈의 학습을 능숙하게 할 수 있는지 확인해 보고, 이해가 안 되었거나 연습이 부족한 경우 충분히 반복 학습하여 이해할 수 있도록 지도해 주세요.

② 더하기, 빼기의 관계를 처음 학습할 때에는 구체적인 사물을 이용한 놀이를 통해 아이가 흥미를 느낄 수 있도록 해주세요.

③ 수의 차례대로 숫자를 나열했을 때 왼쪽으로 한 칸씩 가는 것은 빼기, 오른쪽으로 한 칸씩 가는 것은 더하기 개념이라는 것을 알려주세요.

④ 덧셈식을 뺄셈식으로, 뺄셈식을 덧셈식으로 바꿔 나타내어 보면서 덧셈식과 뺄셈식의 관계를 이해하여 미지수를 쉽게 구할 수 있도록 합니다.

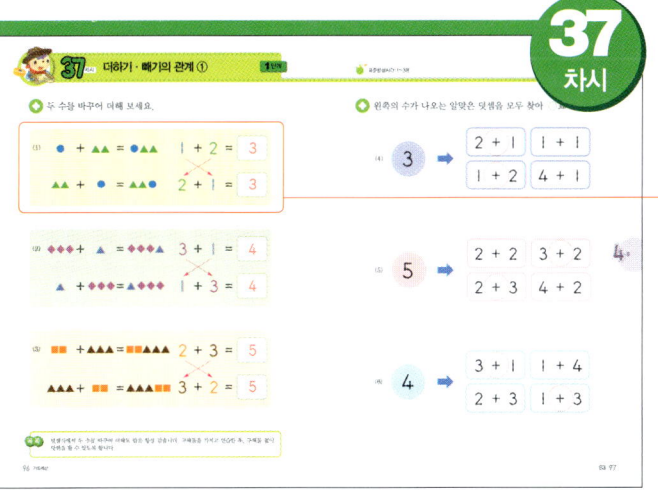

37 차시

96~97쪽

- 덧셈식을 가지고 두 개의 식을 만들어 보는 연습을 해 보자.
- 1+2와 2+1의 답을 비교해 볼래?
- 덧셈식에서는 두 수를 바꿔 더해도 답이 같다는 것을 알 수 있단다.

38 차시

98~99쪽

- 덧셈식을 보고 뺄셈식을 만들어 보자.
- 2+1=3의 덧셈식의 답에서 한 수를 빼어 볼래?
- 답이 어떻게 되었니?

100~101쪽

- 3+2=5의 덧셈식의 답에서 한 수를 빼어 볼래?(5-2=3)
- 다른 한 수를 빼어 볼까?(5-3=2)
- 답은 어떤 수가 되었을까? 더하는 수를 빼면 더해지는 수가, 더해지는 수를 빼면 더하는 수가 답이 된단다.

102~103쪽

- 3-1=2에서 빼는 수 1과 빼고 남은 수 2를 더하면 몇이니?
- 2+1은 몇이니? 1과 2를 바꾸어 더해도 답은 같지?
- 뺄셈식의 답과 빼는 수를 더하면 뺄셈식의 빼어지는 수가 된단다.

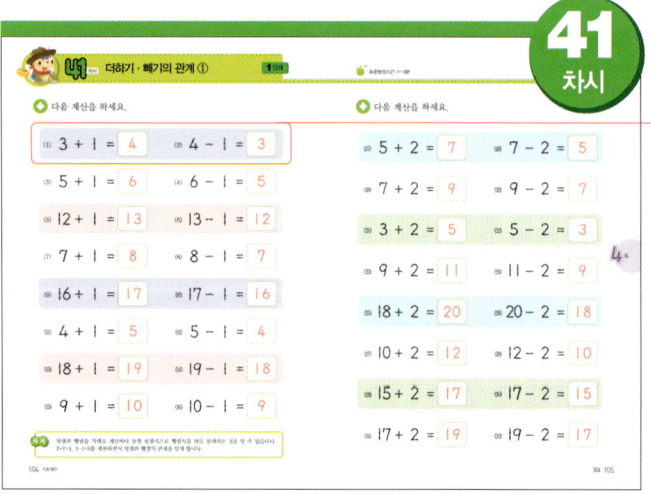

104~105쪽

- 3+1은 몇이니? 4-1은 몇이지?
- 3+1을 해서 나온 답에 더하는 수 1을 빼니까 어떤 수가 되었니? 다시 더해지는 수 3이 되었구나.
- 다른 문제들도 더하기, 빼기의 관계를 생각해서 풀어 보자.

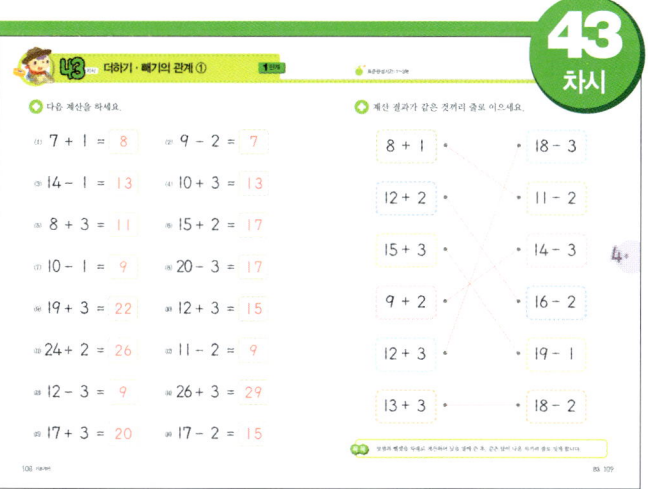

106~107쪽

- 덧셈과 뺄셈의 여러 문제가 있구나. 쉬운 문제부터 풀어 볼래?
- 15+3은 몇이니? 그럼 18-3은 몇일까? 15+3의 답에서 더하는 수 3을 빼니까 다시 더해지는 수가 되는구나.
- 10+3과 13-3도 계속해서 풀어 보자.

108~109쪽

왼쪽 계산식과 오른쪽 계산식을 풀어서 서로 답이 같은 것끼리 줄로 이어 주는 문제구나. 천천히 한 번 풀어볼래? 틀린 답끼리 줄로 연결하지 않도록 주의해야 해.

110~111쪽

- 18+3을 계산해 보자. 다음 다음 다음의 수로 알아봐도 되고, 3을 두 수로 갈라서 계산해도 된단다. 쉬운 방법으로 해 보자.
- 11-3은 일의 자리 숫자끼리 뺄 수 없으니까 빼는 수 3을 두 수로 갈라서 해 보자.

112~113쪽

- 6-1과 16-1을 계산해 볼까?
  6-1=5이고, 16-1=15구나.
- 엄마가 불러 주는 숫자에 더하기
  2를 해서 빈칸에 적어 볼래?
- 불러 주는 숫자에 다음 다음의
  수를 생각하면 되겠지?(아이의
  계산 속도에 맞추어 차례로 숫자
  를 불러 주세요.)

114~115쪽

- 6, 5, 4에서 빼기 2를 해서 풀어
  볼래?
- 6, 5, 4에서 빼기 3을 해서 그 다
  음 빈칸에 각각 써 볼래?
- 6, 5, 4처럼 1씩 작아지는 수에
  서 같은 수를 빼면 답이 어떻게
  되었니?
- 답도 1씩 작아지는구나.

116~117쪽

- 1+3=4를 보고 뺄셈식을 만들어
  보자. 덧셈식의 답에서 한 수를
  빼면 나머지 한 수가 된단다.
- 4에서 3을 빼면 다른 한 수 1이
  되지.
- 4에서 1을 빼면 어떤 수가 될까?
- 더하기와 빼기의 관계를 생각하
  며 문제를 풀어 보자.

11-□=8을 풀어 볼까?
11개의 동그라미를 그려 보자. 8이
될 때까지 /으로 동그라미를 지워
볼래? 몇 개를 지워야 8이 되니?

체크 포인트

① 지금까지 배운 더하기 1~3과 빼기 1~3을 아이가 잘 이해하고 있는지 차례대로 간단히 테스트해
주세요. 아이가 아직 부족한 부분이 있다면 더하기와 빼기 원리부터 다시 차근차근 설명해 주시고,
아이가 충분히 이해한 후에 다음 학습으로 진행할 수 있도록 합니다.

② 아이가 암산이 가능해지면 얼마나 정확하게 답을 구했는지, 얼마나 빨리 답을 구했는지까지 확인해
주세요.

③ 더하기와 빼기의 관계에 대한 학습을 마무리하면서 아이가 자주 틀리는 문제나 어려워하는 문제는
꼭 다시 한 번 짚어 주시고, 복습하는 시간을 가져주세요.

정답 및 지도서 B3

충분한 연습을 했으므로 구체물을 이용하지 않고 바로 답을 할 수 있도록 합니다. 어려워 할 경우 차근차근 풀게 하거나 다시 앞의 과정을 연습하도록 합니다.

종합 평가 B3

다음 계산을 하세요.

(1) 4 + 2 = 6	(2) 5 − 3 = 2
(3) 7 − 1 = 6	(4) 8 + 2 = 10
(5) 10 + 2 = 12	(6) 9 − 1 = 8
(7) 16 − 3 = 13	(8) 11 − 3 = 8
(9) 19 + 2 = 21	(10) 13 − 2 = 11
(11) 20 − 2 = 18	(12) 25 + 3 = 28
(13) 24 + 3 = 27	(14) 17 − 2 = 15
(15) 3 + 2 = 5	(16) 2 + 3 = 5

(17) 9 + 2 = 11	(18) 4 − 1 = 3
(19) 10 − 1 = 9	(20) 7 + 3 = 10
(21) 13 + 2 = 15	(22) 10 − 2 = 8
(23) 14 − 3 = 11	(24) 9 + 3 = 12
(25) 16 + 1 = 17	(26) 17 − 1 = 16
(27) 25 + 2 = 27	(28) 19 + 3 = 22
(29) 10 + 3 = 13	(30) 27 + 2 = 29
(31) 20 − 3 = 17	(32) 19 − 3 = 16
(33) 18 − 2 = 16	(34) 22 + 2 = 24

종합 평가 B3

(35) 6 + 2 = 8	(36) 9 − 2 = 7	(37) 1 4 − 2 = 1 2
(38) 1 2 + 1 = 1 3	(39) 1 1 − 2 = 9	(40) 1 5 + 3 = 1 8
(41) 1 7 − 3 = 1 4	(42) 1 2 − 3 = 9	(43) 2 6 + 2 = 2 8
(44) 2 3 + 2 = 2 5	(45) 1 9 − 2 = 1 7	(46) 2 8 + 2 = 3 0